Benjamin Franklin
富兰克林自传

〔美〕本杰明·富兰克林 著

李自修 译

北京理工大学出版社
BEIJING INSTITUTE OF TECHNOLOGY PRESS

版权专有 侵权必究

图书在版编目（CIP）数据

富兰克林自传 /（美）本杰明·富兰克林著；李自修译. —北京：北京理工大学出版社，2020.3
（国外人文传记·中小学生必读）
ISBN 978-7-5682-8181-2

Ⅰ. ①富… Ⅱ. ①本… ②李… Ⅲ. ①富兰克林（Franklin, Banjamin 1706-1790）—自传—青少年读物 Ⅳ. ①K837.127=4

中国版本图书馆CIP数据核字（2020）第035798号

出版发行 / 北京理工大学出版社有限责任公司		
社　　址 / 北京市海淀区中关村南大街5号		
邮　　编 / 100081		
电　　话 / （010）68914775（总编室）		
（010）82562903（教材售后服务热线）		
（010）68948351（其他图书服务热线）		
网　　址 / http://www.bitpress.com.cn		
经　　销 / 全国各地新华书店		
印　　刷 / 三河市金元印装有限公司		
开　　本 / 880毫米 × 1230毫米　1/32		
印　　张 / 9	责任编辑 / 李慧智	
字　　数 / 153千字	文案编辑 / 李慧智	
版　　次 / 2020年3月第1版　2020年3月第1次印刷	责任校对 / 刘亚男	
定　　价 / 149.00元（全5册）	责任印制 / 施胜娟	

图书出现印装质量问题，请拨打售后服务热线，本社负责调换

译者序

古往今来，国无论大小，地不分东西，不同民族都在各自历史上诞生过先知先觉，引导他们从混沌走向清明，从愚昧走向开化，从野蛮走向文明，从幼稚走向成熟，从自在走向自觉，从弱小走向强大，从依附走向自主，从落后走向先进，他们留下了宝贵的思想和精神财富，集中体现了一个民族、一个国家的智慧以及其对全世界人类思想宝库的贡献。古代，我国有孔子，希腊有苏格拉底、柏拉图和亚里士多德，印度有释迦牟尼；而到了现代，东方和西方各个国家和民族也产生过自己的思想家，他们都可以列入这一圣哲贤人的行列。美国虽然开国仅仅二百余年，但也拥有本杰明·富兰克林、托马斯·杰弗逊和托马斯·潘恩以及后来的拉尔夫·华尔多·爱默生和亨利·大卫·梭罗等一批伟大的思想家。其中，富兰克林更是可圈可点，出类拔萃。正是靠了他和他的同道们的睿智和洞察力，靠了他思想的高屋建瓴、远见卓识以及细致缜密的组织才能，才有了今天的美国。但他又不同于孔子，不同于圣雄甘地等人。如果说孔子是中国文化史上一位开创性的思想家和教育家，为中华民族文化的建构产生了影响；如果说圣雄甘地是印度的伟大民族主义领袖，使他的国家和民族屹立于世界民族之林，那么富兰克林就不仅是美国开国的奠基人之一，更是美国历史上的思想家、哲学家、政治家、教育家、外交家、社会活动家以及公益事业倡导者，还是出版商、科学家和发明家。因此，作为伟大的民主主义革命家的富兰克林，迄今在美国仍然享有盛誉。特别是他在六十五岁动笔写作、中间几经辍笔的自传，更是一笔宝贵的思想遗产。

人们之所以高度评价富兰克林的自传，首先因为它是一篇崭新时代的历史文献，其次因为它是一位平凡伟人的生平事迹实录，以及18世纪英美文学的经典。虽然它的道德劝善的主旨或意蕴，在英语文学作品中颇为常见，但它讲述事件以及讲述这些事件的方式和笔调却是前所未有的。

自传以丰富、具体、生动的事例说明富兰克林在美国和世界历史上所起的作用。他渴望北美殖民地的独立，积极参与独立战争，参与起草《独立宣言》《宾夕法尼亚州宪法》《十三州联邦宪法》和美国联邦宪法；他充分发挥其外交才能，出使法国，并与法国缔结同盟条约和友好与通商条约，与欧洲其他国家签订和约；他反对压迫和奴役黑人，组建"宾夕法尼亚州促进废除奴隶制协会"，并撰写文章表明自己废除黑奴制度的主张和决心。

作为生平实录，该书记录了慈善家和社会活动家富兰克林一生的事迹。他在经营印刷业务的同时，关心市政建设和公益事业，为此做出了很大贡献。他创办了美洲第一所公共图书馆、第一所学校和第一家医院，还为了城市安全，成立民防协会，组建了民兵连队，维持费城的治安；筹集资金建立消防队，来保护居民的生命财产安全。此外，富兰克林还以身作则，提倡并实行自我"道德的完美"。他说："单纯臆想出来的、在利害关系上做到完美无缺的信念，并不能够防止我们跌跤；不良习惯必须去除，优良习惯必须加以培养和树立，才能信赖行为坚定不移的、始终如一的正直。"他在书中自始至终努力强调节制、少言、条理、决心、节俭、勤奋、诚实、正义等品德及其含义的重要性，划分出包括上述品格的十三种美德，并身体力行，严格训练。以此为他的后代和美国青年树立了良好榜样。从这种意义上说，他虽然没有建立自己的完整的哲学和伦理学体系，却是一个大众哲学家和伦理学家。卡尔·贝克也说：富兰克林是"启蒙运动的儿子，他不属于卢梭学派，而属于笛福、蒲柏和斯威夫特一派，属于孟德斯鸠和伏尔泰学派"。由此，也许可以说，他的自传是西方思想世俗化过程中的里程碑，是清教的热情式微后所宣讲的世俗布道词。它宣讲一种实用的道德伦理，赞许和主张苦行主义式的勤奋，追求的是现世而不是天国。因此，按照这种说法，在富兰克林履行自己天职的过程中，美德和效率就成了他自己伦理学的基础。当然，富兰克林在其政治思想观点上，也深深打上了他那个时代的烙印。他的包括废除奴隶制度的主张，在当时和今天都是进步的。然而，他对待印第安人的态度，却与当时殖民者不谋而合。这也是他那一代人共同的时代局限。

作为科学家的富兰克林，曾经花费大量心血进行电学实验，《电学实验与观察》的出版，就集中反映了他对电学这一领域所做出的贡献。也因此获得了英国皇家学会戈德夫雷·科普利爵士金质奖章，并被吸收为英国皇家学会会员。此外，他还获得哈佛和耶鲁等大学授予的荣誉学位，以及法国皇家科学院授予的外籍院士的称号。

因此，富兰克林的一生，是纷繁多彩的一生，是致力于自我完善、社会进步和科学发展的一生。他身上仿佛有着永不枯竭的热情和力量，以他和蔼可亲、谈笑风生的独特人格魅力，朴实而又甘于平凡的情怀，理性而又严谨务实的作风，赢得了方方面面信任，因而也造就了充分体现出美国精神的富兰克林，造就了至今仍为人们缅怀的富兰克林。所以，在法国有个经济学家说他是"从苍天那里取得了雷电，从暴君那里取得了民权"。

作为18世纪英国文学的经典，该书在风格和思想上受到了那个时期英国思想和文学传统的熏陶。在书中，作者每每提到他在写作上所受的《旁观者》的影响。而这也是长期以来，人们把他与艾狄生和班扬相提并论，在他们之间进行反复比较的原因所在。他的文章简洁、朴素，语气节制、幽默，而又娓娓道来，仿佛老朋友之间的促膝谈心。行文不事张扬，不故作高深，没有高头讲章，更没有玄机哲理，有的只是平白如话的倾诉，言之有物的说理，推心置腹的忠言，以及与人为善的劝谏和循循善诱。比如，他与哥哥詹姆士在学徒期间的龃龉，他私自挪用弗农的款项等，富兰克林在叙述到这些事件的来龙去脉时，把它们归作自己所铸成的"大错"，而懊悔不已。后来，当他按照哥哥的遗嘱，把侄子抚养成人，让他成家立业。当他业务兴旺偿还了弗农那笔款子时，他才如释重负，以终于弥补了过失而感受到了良心上的安宁。再如，他的次子弗朗西斯四岁上因罹患天花夭折时，他除了愧疚地自责，还奉劝天下的父母，一定要给孩子们接种牛痘。他写道："我所以说到这件事，是为了提醒那些忽视了给孩子接种牛痘的父母，万一他们的孩子死于天花，他们将永远不能饶恕自己。"爱子的拳拳之心，溢于言表，而由此生发出来的善以待人的仁慈心肠，也跃然纸上。

简言之，在这部自传里，你看不到卖弄，找不到炫耀，有的只是白描式的质朴，几何学式的直观，花鸟画式的简练，既有深邃的思想，又有催人奋进的人生智慧。其特点是弃复杂而取简单，取直接而弃迂回，取明确而弃晦涩，其精彩之处在于一些警句或格言式的真知灼见，令人击节赞赏，使人茅塞顿开。比如："……一个人身上钱少，倒比钱多时出手大方"等。因此，阅读他的自传，仿佛在聆听一位慈祥老者的絮絮谈话，又仿佛在悉心体味一位智者的处世哲学，颇有如沐春风、如逢甘霖的感觉，但仔细咀嚼起来，其韵味又绵绵亘亘，无穷无尽。而这一特殊风格的形成，又与富兰克林所受到的上述艾狄生和班扬以及笛福等人的影响密不可分，因而成了有别于培根散文风格的18世纪美国文学经典的代表。

这部自传在美国乃至在全世界所产生的巨大而深刻的影响，并不在于它所记录下来的历史，更不在于它的独特风格，而在于它反映了作者的伟大。曾经为富兰克林作传的作家卡尔·范·道仑，在他的《本杰明·富兰克林》一书结尾说："任何时代，任何地域，富兰克林都是伟大的。思想和意志，天赋和才能，力量和沉着，智慧和风度，全都集于富兰克林一身，仿佛造物在塑造他的时候，是那样慷慨和陶醉。"因此可以说，这部自传不仅仅是富兰克林的回忆录，或者是他一生所历事件的编年记录，更重要的是，它是作者对自己一生所进行的反思，并把自己作为他那个时代和他的国家的典型和榜样，来教育未来的子孙后代。因此它是教育青年道德完善的教科书，是他们汲取精神食粮的源泉。富兰克林极力主张，一个人在为自己的国家和同胞效力的同时，假如他具备足够美德的话，就能够从默默无闻中摆脱出来走向成功。所以，随着该书的广泛传播，它对每一个个人的感染和影响也日益彰显出来。美国的一位银行家托马斯·麦仑曾经写道：他认为"阅读富兰克林的自传是我一生中的转折点"。

这部自传以英文手稿为蓝本的足本首次于1868年，也即富兰克林死后七十八年发行。此前，该书先译成法文在法国出版，后来的一些英文版本也是由法文版翻译过来的。第一版于1791年问世后，到1800年至少重印过十四次。而即便是从1868年足本问世之日算起，至今也有一个半世纪了。如今它已经被译成十几种文字，出版或重印了百余种不同版本，读者可以亿万计，其中以美国读者和各地青年读者居多。这些统计数字再一次表明，直到今天这部自传仍然在广大读者心目中占有一席重要位置，仍然与现今时代息息相关。例如，勤奋和自力更生仍然为一个健康强大社会所需要，自学精神和甘心公益事业等，仍然值得弘扬。也就是说，它的教化作用至今不容忽视，它作为美国社会-文化史的记录，以及作为文学经典，也永远具有其文献价值和文学价值。

从这种意义上说，富兰克林的自传，在浮华之风日盛的今日社会，仍然是值得认真品味和用心体会的，虽然他在二百余年前去世时，给自己写的墓志铭仅仅是"印刷工富兰克林"几个不起眼的字眼儿。

译者
2004年3月
2012年6月改

目 录

第一章 …………………………………… 001
第二章 …………………………………… 038
第三章 …………………………………… 062
第四章 …………………………………… 078
第五章 …………………………………… 092
第六章 …………………………………… 109
第七章 …………………………………… 134
第八章 …………………………………… 152
第九章 …………………………………… 190
第十章 …………………………………… 215
第十一章 ………………………………… 235
附录：富兰克林年表 …………………… 257
译后记 …………………………………… 272

第一章

致新泽西州总督威廉·富兰克林①阁下

一七七一年

于特怀福德郡圣阿萨夫教堂主教②邸宅

亲爱的儿子：

我一向乐于搜集自己祖辈的轶事趣闻，哪怕是片言只语也好。也许你还记得，你跟我在英格兰那阵子，我就询查拜访过那些仍然健在的亲属，以及我为此踏上旅途专程跋涉的情形。略想你也同样有兴趣了解我的身世吧。不过，许多事情你还不熟悉。

---

① 威廉·富兰克林（1731—1813年），本杰明·富兰克林长子，在英国接受教育，获牛津大学硕士学位。曾经跟随父亲游历欧洲，回国后出任新泽西总督。
② 此处指什普利主教。

而我眼下退居在乡村,估计不会有人打扰,能享个把礼拜的清闲,所以坐下来为你笔录我的生活经历。此外,激励我做这件事情,也还有些别的缘故。虽说我生长于清贫家庭,在卑微中度过了早年岁月,但如今却生活富足,在世人面前名声颇噪,甚至到了晚年,好运依然时时伴随着我。我的处世之道,承蒙上帝保佑,取得了很大成功,因此子孙后代大概会渴望知道,我所使用的是什么方法。这样,他们一旦有谁发现自己处于类似的处境当中,也许会觉得这些方法还是值得效仿的。

我自己也常常回想起所享受的美好成功。每逢这时,便情不自禁地说,假使让我再选择一次的话,自己肯定选择从头至尾再过一遍同样的生活,只不过,但愿我具有当作家的那些技巧,再版时能够把第一版的某些错误加以修改。这样,还能把一些险恶的变故,修饰得更如人意一点。即使这个要求遭到拒绝,我仍然愿意接受重新生活一遍的机会。不过,既然无法指望生活的重演,那么,最接近的做法似乎就是回忆种种人生遭际,把它们形诸于笔墨,使之能够保存得更加久远了。

这样,当我动手写起来的时候,就难免流露出老年人津津乐道于个人业绩的倾向,但我还是想按照这种倾向去做,而不是让那些出于对我年事已高的尊敬,可能认为不得不听我讲话的人感到厌烦，因为我写下来的文字，他们看或不看，完全可以由他们自己决定。最后，这样也许还会大大满足自己的虚荣心。这里我想不妨索性承认这一点，因为即使我否认自己有虚荣心，也不会有人相信。是啊，我所听到或者读到的讲话和文章，总是以"我可以毫不夸张地说"开头，然后无非就是一些自我吹嘘的话语。尽管人们自己虚荣自负，但他们大都又厌恶别人的自我夸耀；不过，我对虚荣却相当宽容，不管它表现在什么人身上。因为我相信，这对怀有虚荣心的人，以及和他交往过从的人，往往都有裨益。所以，一个人要是感谢上帝，把自己的虚荣心当作个人生活的一种慰藉，这在许多情况下并不荒唐可笑。

说到感谢上帝，我心里十分谦卑地认为，应该把我想提到的自己过去生活中的福祉，归功于他的圣意眷顾，是上帝指引我采用这些方法，获得了成功。这一信念虽然使我不能假定，但却促使自己期盼将来仍然赐予我同样的好运，继续享受幸福，或者能使我经得起性命攸关的逆境考验，因为，我和别人一样也有遭受到逆境的可能。只有上帝知道我未来的命运怎样，所以即便是当我们处于苦难的时候，也会用他的神威来祝福我们。

有一回，我的一位伯父（他也同样乐于搜集家族的轶事），把一些笔记塞到我手里，给了我几则有关先辈的详细情况。从这些笔记里我得知，他们在诺桑普顿郡艾克顿教区拥有大约三十多英亩的田产，已经在村庄里居住了至少三百多年，以前还住了多少世代，就不得而知了。

那个小小的田园，要不是还有打铁的手艺，是难以维持的。在我们家族里，一向从事着这个行业；直到我的这位伯父为止，都是教育年长的儿子学徒打铁，伯父和我父亲也遵从族训叫他们的大儿子去当铁匠。我查阅过艾克顿教区的户籍簿，发现只有一五五五年以来的婚嫁和丧葬的记载，没有保存此前的户口登记册子。不过我还是从其中了解到，自从前五辈以来，我这一支脉都是小儿子的小儿子。我的祖父托马斯生于一五九八年，一直住在艾克顿，到了晚年不能从事手艺的时候，才退休搬到牛津郡班布里村他儿子约翰家里。当年，我父亲曾经跟祖父的这个儿子当过学徒。我的这位伯父①就是在那里辞世，就地安葬的。一七五八年，我们还去瞻仰过他的墓碑。他的长子托马斯住在艾克顿老宅，临终把宅子和田园留给了他的独生女儿②。她丈夫是个叫费舍尔的惠灵堡人。他们后来又把遗产转卖给伊斯台德先

---

① 原文如此，应为祖父。——译者注。
② 即玛丽·富兰克林（1673—1758年），富兰克林的堂姐，其伯父之女，理查德·费舍尔之妻。玛丽去世前，富兰克林曾前去惠灵堡看望她。

生，此人如今已是那里的庄园主了。祖父有四个儿子长大成人，他们叫托马斯、约翰、本杰明和乔塞亚。由于资料眼下不在身边，我只能凭借着记忆来叙述他们的情况。在我外出期间，假如我搜集的那些资料没有丢失的话，那你就可以在里面找到许许多多的细枝末节了。

我的大伯父托马斯，自幼跟他父亲学手艺打铁。由于他天资聪明，那时教区里一位声名显赫的士绅帕默①先生鼓励他（也鼓励过他所有的兄弟）求学上进，后来他因获得律师资格而小有名望。在那个郡里或者诺桑普顿镇上，乃至在他自己的村子里，他还是主要的公益事业倡导者。在这一方面，与他有关的事例不少，因此，他很受哈里法克斯②爵爷的照顾和奖掖。他一七〇二年一月六日去世，正好是我出生四年前的同一天。我还记得，当初老人们给我们讲述他为人禀性的时候，你觉得十分不同寻常，他跟你了解的我的性格非常相似。所以你说："如果他是四年后的那一天死了的话，人们还当是灵魂转世哩。"

---

① 此处指约翰·帕默（约1612—1679年），艾克顿教区长（1641—1679年）、诺桑普顿郡执事长（1665—1679年）。富兰克林的伯父托马斯曾为他的遗嘱作证。
② 此处疑指哈里法克斯（1661—1715年），文学赞助人，也可能指哈里法克斯侯爵（1633—1695年）。

我的二伯父约翰学的是染匠，记得是给羊毛织品染色。本杰明是丝绸染匠，在伦敦学过徒，他这个人十分聪明灵透。我记得，自己孩提时代，他到波士顿来过，就住在父亲家里，跟我们在那座宅子里一起住了几年。父亲和他之间，每每表现出特殊的手足情谊，再说我又是他的教子。他活得寿限很长，身后留下两卷四开本的手稿，是他自己与朋友们唱和时所作的即兴诗。他还发明了一种速写法，也教过我，不过由于缺乏习练，现在已经忘记了。他对宗教虔诚笃信，凡是著名的传教士讲道，他都持之以恒地前去听讲，用自己的速写法把布道词记下来，这样一来二去，便积存了数卷之多。他还是个非常热心政治的人，按照他的身份地位，也许是过分热心了。我在伦敦期间，手头得到了他所搜集的从一六四一年到一七一七年的关于公众事务的政论小册子，依照编号来看，已经散佚了不少卷帙。然而，现存的仍然有对开本八卷，还有四开本和八开本共计二十四卷。一个贩卖古旧书的弄到了这些小册子。由于我在他那里买过书，因而知道了我姓甚名谁，便把这些成卷的小册子给我带了来。看起来，我伯父想必是来美洲前把它们留在了伦敦，那大约是五十年以前的事情。他的孙子撒缪尔·富兰克林，如今仍然住在波士顿。

我们这个卑微的家族，很早皈依了改革以后的教会。我们的

006

先辈在玛丽女王在位期间,就一直信奉新教,激烈反对教皇制度,因此,时常处于遭到迫害的危险当中。他们有一部英文版《圣经》,为了安全保存起见,他们就把它打开,用丝带拴到一条摺凳底下藏起来。每逢我曾祖父想给全家念经文的时候,他就把摺凳翻过来放到膝盖上,在丝带底下翻阅。同时,还得有一个孩子站在门口放风,看见教会法庭的法官前来,就通知我们。遇到这类情况,那条摺凳又会反转过来立在那里,《圣经》同以往一样藏在摺凳底下。这件轶事,是我从本杰明伯父那里听说的。家族里全都一直信奉英格兰国教,到了查理二世治下末期,有几位大臣因为在北安普敦郡秘密宗教集会宣布不信奉国教而遭到了驱逐。这时,伯父本杰明和我父亲乔塞亚追随了他们,毕生没有过动摇,而家里其余的人还依旧信奉着国教。

我父亲成家的时候十分年轻,大约是一六八五年,他携带妻子[①]和三个孩子到新英格兰[②]定居。那时候,法律已经禁止秘密宗教集会,集会时常常受到骚扰。父亲结识的人当中,很多人都决

---

① 此处指其前妻安·奇尔德。
② 新英格兰,指美国东北部地区,包括康涅狄格、缅因、马萨诸塞、新罕布什尔、罗得岛、佛蒙特等州。是英国殖民者约翰·史密斯于1614年绘制该地区地图而命名的。

定移居新英格兰，便劝他跟他们一道前往，盼望着享受宗教信仰上的自由。在那里，父亲的这位妻子又给他添了四个孩子，第二个妻子生养了十个孩子，共计十七个子女。我记得，全家一起围坐在餐桌旁边时，自己看见过其中的十三个。他们个个都长到成年，结婚成家。除了两个妹妹以外，我是他最小的儿子。我出生在新英格兰的波士顿，母亲是父亲的第二个妻子，叫爱比亚·福杰尔，是彼得·福杰尔[①]的女儿。他是第一批移民来新英格兰定居的一员。

科顿·马瑟在题名为《美洲基督教全编》[②]的有关新英格兰宗教史里，曾经毕恭毕敬地提到过他，假如我没记错的话，具体措辞是称他为："一个虔诚而又博学的英国人。"人们告诉我，他写过几首即兴应景的小诗，不过只发表了其中一首，记得出版后好几年我才看到。那首诗创作于一六七五年，朴素无华，符合当时的时尚和人们的趣味，是写给政府当局的。在诗里，他以受

[①] 彼得·福杰尔（1617—1690年），学者和诗人，1635年移民北美，富有民主进步思想，反对奴隶制，同情印第安人的遭遇。下文提到的诗歌，题为《时代的镜子》，抨击当局对印第安人的残杀，实际上并不是一首应景的即兴诗。

[②] 科顿·马瑟（1663—1728年），他的《美洲基督教大全》于1720年在伦敦出版。分为：一、新英格兰移民史；二、各州总督生平；三、六十位名人传记；四、哈佛大学介绍；五、新英格兰公理教派史；六、上帝在新英格的显灵；七、教会大事记等七部分。还包括了作者的布道词，以及他所写的传记和历史记载若干。

到迫害的再浸礼会和公谊会以及其他教派的名义，申明信仰良知应当得到自由；认为对印第安人的征战，以及这个国家遭受到的其他灾难，都应该归咎于对信仰自由的迫害。这些灾难又是上帝对这种十恶不赦罪行进行惩罚的判决，所以他痛心疾首，呼吁废除那些与仁爱背道而驰的立法。在我印象中，这首诗写得雄壮奔放，质朴流畅，读起来十分悦耳。我虽然忘记了那一节前面的几行，但还记得最后六行，大意是说，由于他的指责出于善意，所以不屑隐瞒自己的作者身份。他在诗里说：

有的人善于诽谤中伤，
有的人却痛恨这种伎俩。
他就是彼得·福尔杰，
家乡就在舍伯恩镇上。
在这里，他敢于亮明身份，
他是你们的挚友，胸怀坦荡。

比我大的兄弟们都当了学徒，学习这样那样的手艺。我八岁那年，由于父亲的想法是让他这个排行第十的小儿子[①]将来在教会供职，就给送到文法学校念书。我十分机敏，很早就学会了读书，这想必是很早以前的事，因为连我自己也不记得什么时候不认得字了。我（父亲）的朋友们都认为，我肯定能造就成一个大有学问的人，因此使他产生了信心，决定叫我去念书。对于这一安排，本杰明伯父也深表赞同，并且提出来说，假如我愿意学习他的速记法，就把他速记下来的几卷布道词送给我，以此开始学业。我在文法学校念了不到一年的工夫，就在班里由中等成绩逐渐名列那个年级的前茅，跳到了上一个年级，年底还计划叫我升入三年级。虽说这样，肩负养活一个大家庭担子的父亲，要想负担我的大学费用就有了困难。再者，就像他当着我的面跟一个朋友说的那样，考虑到受过大学教育的人，生活前程也并不乐观，所以他改变了初衷，让我退学，转到了一所教授写作和算术的学校。那所学校由当时著名人物乔治·布朗威尔[②]开办。他采用宽容和鼓励的方法，因此办学十分成功，当校长是个行家里手。

[①] 上文提到富兰克林兄弟姊妹十七人，除上面提到的两个妹妹外，还有五个姐姐：伊丽莎白、汉娜、安妮、玛丽和萨拉，因此是姊妹七人，兄弟十人，而他在其中年齿最小。
[②] 乔治·布朗威尔（1750年后去世），曾先后在波士顿和费城开办教授写作和算术的学校。

在他教导下，我很快练就了一手好字，不过算术仍然没有起色。我十岁那年，父亲叫我回到家帮他做生意。他经营蜡烛和肥皂制造，原本他干的不是这一行，可是移居新英格兰后，发现染坊业需求量不大，不能维持一家人生计，所以改做了这个行业。于是，我就做起剪蜡烛芯、浇灌烛模、照管店面、外出跑腿等活计来。

我不喜欢这个行当，强烈向往出海航行，但父亲明确表示反对。不过，我们就住在海边，经常到海边上玩耍，所以练就了一身好水性，还学会了驾船。每逢跟别的男孩子上了船，特别是遇到危险的时候，他们往往都让我来指挥。换了别的场合，我也总是充当他们的头头，但有时候也会把他们带入困境。我想用一件事为例说明这一点，虽然这还显露出我自幼就具有突出的公益精神，但当时这样做还是不恰当的。

水车贮水池的一角，连着一片盐滩湿地，涨潮时我们常常站在上面捕捉鲦鱼。后来，走动一多，湿地就给踩得泥泞不堪。为了方便我们在上面行动，我建议在那里筑起一个码头。我还让同伴去看了一堆石料，这是用来在湿地附近建造一座新房子的，但也正好适合我们的目的。于是，到傍晚时分，等工匠回了家，我便集合几个同伴，像一窝蚂蚁似的拼命干了起来，有时两三个人抬一块石头,终于把石料都搬过来,修筑起了我们小小的码头。第二天早晨,工匠们不见了那些已经筑成码头的石料,十分惊讶,便追查是谁弄走了石头。结果真相大白,给人家告到了家里,我们都叫各自的父亲责罚了一顿。我虽然夸口说,我们干的活儿如何如何实用,但父亲还是教训我说,这种不诚实的行为是真真有害无益的,这叫我十分信服。

我估计,你也很想了解我父亲是个什么样的人。他中等身材,长得四肢匀称,体格健壮硬朗。他绘画不错,还略通音乐,生就一副嘹亮悦耳的嗓音。一天的生意过后,他经常拉拉小提琴,和着琴声唱歌,乐声听起来简直叫人心旷神怡。他还懂得一些机械方面的学问,其他手艺行当的工具,使用起来也能得心应手。不过,我父亲最了不起的长处,在于对一些需要审慎处理的事情,不论是私事还是公务,都能做出透辟的理解和可靠的判断。当然啦,他从来没有参与过任何公共事务。他有这么多子女需要教育,因此,拮据的家境使他对于自己的生意丝毫不能懈怠。但我记得十分清楚,有一些头头脑脑的人物仍然不断登门拜访,或是就公众事务或是就他所属教区的事务征询他的意见,对于我父亲的判断和建议,他们都是尊重有加。同时,还有的人在私人事务上遇到难题,也经常找他出主意;双方发生了什么纠纷，也常常请他出面仲裁。他只要有空，还喜欢邀请通情达理的朋友或者邻居一边吃饭一边交谈，而且总是小心翼翼从某种睿智的或者实用的话题开头，以便增益孩子们的心智。就是采取这种办法，他把我们的注意力集中到日常生活当中，什么是善良行为，什么是正直行为，什么是明知行为等方面。这样，诸如餐桌上摆的吃食烹调得好不好吃，合乎不合乎时令，味道鲜美不鲜美，喜欢还是不喜欢吃这种或者那种东西等有关食物的琐事，我们就很少或者根本不去注意。我也因此从小到大，对于这类事情根本就不会留意，对于摆在我面前的是什么样的食品，也不闻不问。是的，就是到了今天，也仍然不关心这类事情，吃过饭刚过几个钟头，我就很难说出到底吃了什么菜肴。这在旅行的时候，就有很大方便，同伴们由于娇生惯养，口味比较挑剔，有时候难免因为吃不到合乎胃口的食物而烦恼，我却不会这样。

同样，我母亲身体也非常健壮，一生养育了十个子女。不论父亲还是母亲，我压根不记得他们得过什么病，生过什么灾，只记得他们去世的情景：父亲八十九岁，母亲八十五岁。死后他们被双双合葬在波士顿，几年后我在他们墓前立了一块大理石墓碑，上面铭刻着这样的碑文：

乔塞亚·富兰克林

与

其妻爱比亚

安葬于此。

他们婚后五十五年里共同生活，相濡以沫。

虽然没有田产，也没有有益进项，

但凭借不懈的劳作和诚实的勤奋，

和上帝的保佑，

他们维持了一个大家庭的安顿生活，

养育了十三个子女和七个孙子孙女，

因此传为佳话。

后来者可以从中受到鼓舞，

而敬业勤勉，信奉神明。

乔塞亚谨慎虔诚，

爱比亚贤惠忠贞。

其幼子

谨怀至孝之心特立此碑以追思

先父乔塞亚·富兰克林，一六五五年生，一七四四年卒，享年八十九岁，先母爱比亚·富兰克林，一六六七年生，一七五二年卒，享年八十五岁。

我这样拉拉杂杂，离开了正题，看来自己的确是老了。我以前写什么东西，本来是有条不紊的。不过在私人聚会的场合，原本不像参加公共舞会那样，需要穿得板板正正。也许，这也是不拘小节的缘故吧。

现在，还是书归正传。我就这样跟父亲做了两年生意，也就是做到十二岁那年。我哥哥约翰本来学的是那个行当，可他成了家搬到了罗得岛去自立门户。种种迹象表明，我注定要接替他的位置，一生只能当个制作蜡烛的工匠了。可是，我那时仍然不喜欢这一行，父亲十分担心，要是他不给我找个更满意的行业，我可能像我哥哥乔塞亚那样，离家出走，到海上漂流航行。这当然会叫父亲十分恼火。结果，他决定带我出去逛逛，让我看看细木匠、泥瓦匠、车工和铜匠干活的情景，以便发现我的志趣后，再费一番心思物色一个行当或者职业，让我待在陆地上谋生。从那以后，观察出色工匠得心应手地使用他们的工具，成了自己的一种乐趣，而且，我还从中学到了很多对我十分有用的东西。每逢家里工匠不凑手，我就能做些零星活计，每逢自己心里跃跃欲试，总想方发明一些小机器时，就能动手造出来进行试验。父亲终于决定让我从事刀剪制造业了，于是叫我到伯父本杰明的儿子撒缪尔那里干了几天，试一试身手。撒缪尔在伦敦学的这行手艺，那时刚刚在波士顿开了门面。不料想，他索取的学徒费用金额，让我父亲心里感到不悦，所以又从他那里把我带回家来。

我从孩提时代起就对读书情有独钟，所有零用钱都积攒下来购买图书。我那时十分喜欢旅途见闻录之类的书。最初买到了班扬①的作品，就是一小卷一小卷，单独装订起来的那种。读完后，就把它们出手，又买了罗伯特·伯顿②的《历史文集》，是从商贩那里弄到的小开张书，价格低廉，共计四十卷。我父亲藏书不多，主要是有关神学论辩的书，我大半都读了。所以，现在我还时常觉得懊悔，因为正当我如此渴求知识的时候，却没有弄到更适合于我阅读的书籍，况且我不去供奉神职也已是既定的事情。我读过的书中，有普鲁塔克③的《希腊罗马名人传》。这本

---

① 即约翰·班扬（1628—1688年），英国传教士和宗教作家，著有《天路历程》等讽喻体小说。
② 罗伯特·伯顿（1577—1640年），英国牧师、神学家，其主要著作《抑郁的解剖》，是医学知识、古典和浪漫主义文学和历史学于一炉的概要性著述。
③ 普鲁塔克（约46—120年），古罗马时代希腊语作家，著有《道德论说文集》和《希腊罗马名人传》。后者计五十篇。

书我读得非常专心致志。现在我还认为，花那段时间阅读它对自己极有裨益。还有笛福[①]的书，叫作《方略集》的，以及马瑟博士的书，题名《善行集》[②]的。这两本书也许让我的思想产生了转折，影响了我未来生活中的几起重大事件。

这种酷爱读书的倾向，最终使我父亲决定叫我去当印刷工，虽说他已经有一个儿子詹姆士从事这个行业。一七一七年，我哥哥詹姆士从英格兰回国，随身带来一架印刷机和一套铅字，打算在波士顿开办印刷所。我对印刷业的喜爱，远远胜过父亲的行业，但心里仍然渴望去海上漂流。为了预防这一渴望所可能带来的叫人忧虑的后果，父亲急于让我跟哥哥订立学徒契约。我抵抗了一段时间，最后还是给说服了，在契约上签了字。那时我才十二岁，而学徒得学到二十一岁，最后一年才能拿到熟练工的薪水。没用多长时间，我就在印刷手艺上取得了长足进步，成了我哥哥的得力助手。那一阵子，我能够弄到更好的图书阅读了。我结识了几个书商的学徒，偶尔能从他们那里借到一本小书，但

[①] 笛福（1680—1731年），英国现实主义小说家，代表作《鲁滨孙漂流记》，还有长篇小说《摩尔·弗兰德斯》等。一生发表二百五十余部（篇）作品和文章。《方略集》是他的文集之一。

[②] 这里即指上文所提的科顿·马瑟。《善行集》作于1701年，原名《善行》（Bonifacius）。

也总是格外小心，既要保持书的整洁，又须尽快归还。书要是傍晚借来，第二天早晨必须还上的话，便经常坐在寝室里熬上大半夜，以免叫人家老板发觉少了书。

又过了一段时间，一个精明能干的商人麦修·亚当斯[①]，由于经常到我们印刷所公事房来，注意到了我。他搜集了不少图书。有一次，他邀请我去参观他的藏书，还非常善意地说，我愿意读什么书，都可以由我自己挑选借阅。我那时正沉湎于诗歌，也写过几首小诗。哥哥觉得或许不无用处，鼓励之余又怂恿我即兴创作了两首歌谣。一首诗叫《灯塔悲剧》，讲述关于沃思莱克船长和他两个女儿在海上沉船的故事；另一首诗是水手歌谣，说的是捉拿有名的江洋大盗梯赤（或者叫沃思莱克）的经过。两首诗采用了市井歌谣体，写得相当糟糕，印出来后，哥哥却叫我拿到城里去卖。第一首销路很好，因为诗里讲的事件刚刚发生不久，还引起过轰动。这一成功叫我沾沾自喜，可是父亲却对我此举泼了冷水，他训斥我说，凡是吟诗作歌的，大约都是沿街乞讨的叫花子。这样，我就没有当成诗人，就是当成了，恐怕也是个蹩脚诗人。不过，我一生当中，得益于散文写作的地方甚多，

[①] 麦修·亚当斯（死于1753年），波士顿商人、藏书家。

是我事业有成的主要手段。所以,我打算给你讲讲,在那种情况下,我自己应该具备的那点散文写作能力,是怎样学会的。

当时,城里还有一个喜欢读书的年轻人,名字叫约翰·柯林斯,跟我交往十分密切。但两人时有争辩,我们也当真喜欢争论问题,而且都非常盼望把对方驳倒。不过,我想顺便交代一句,这种喜欢争论的脾性,往往会发展成一种不良习惯。因为,争论就会导致矛盾,就会在同伴之间产生不快,这样不但破坏了谈话,还会使本来有机会成为朋友的人相互厌恶,甚至彼此产生敌意。我之所以染上这种习性,是由于阅读父亲那些宗教论辩书籍的缘故。从那以后,我注意到,除非你是律师、大学教师,或者在爱丁堡受过教育的各色人等,否则懂得道理的人大都不会动辄跟你争论一番。

有一次,不知什么原因,我和柯林斯就一个问题展开了争论,争论的是女性应不应当接受知识教育,以及她们有没有学习能力。他的看法是,女性不应当也天生不宜受到教育。我大概只是纯粹为了争论,则持相反的立场。他生来健谈雄辩,词汇丰富。在我看来,我有时叫他驳倒,不是他的理由多么有分量,而是因为他善于言辞。分手的时候,仍然没有化解分歧,而一时之间,我们又无法见面,我便正襟危坐,把自己的论点记录下来,抄写清楚，给他寄去。他也写信答复，我再写信予以反驳。这样一来，我们两人都写了三四封信之多。不料，我父亲这时发现并且阅读了那些信件，于是找了个机会跟我谈起了我的写作风格，而没有提到我们所争论的问题。他说，我在拼写和句读的正确与否上（他把这归功于我在印刷所的学徒生涯）虽然略胜一筹，但我在措辞的委婉、铺陈的条理、表达的清晰等方面，却远远赶不上对手，他还列举出例证来让我相信这一点。我觉得，他的评论很有道理，所以从那以后更加注意自己的写作笔调，决心改善自己的写作风格。

大概就是这个时候，我弄到了单卷本的《旁观者》[①]。以前，这种报纸无论哪一期，自己都从来没有见到过。于是我把它买下来，读了一遍又一遍，觉得简直是妙趣横生。我心里就想，那些文章写得宛如天成，如果可能的话，但愿自己也模仿得来。有了这个想法，我进而挑选出其中几篇，用简短的提示写出每一句话的意思，把它们放在一边。过上几天，再试着不看原书用自己想得起来的恰当字眼，把提示的大意表达出来，尽量按原来

[①]《旁观者》，英国作家艾狄生和斯梯尔创办的报纸，从1711—1712年刊行。停刊后，艾狄生个人又于1714年复刊，发行了八十余期。蒲柏和其他作家也参加过其出版工作。

的措辞充分展开，重新还原那些文章。接着，我用《旁观者》里的原文加以对照，如有错误，便逐一修订。结果我发现，自己缺乏词汇的储备，或者说不能得心应手地驾驭词汇和语言。可我认为，假使当初我继续写诗的话，这种能力早就应该掌握了。因为，为了适应诗的韵律，就要不断地选择含义雷同，但长度不同的词汇；为了押韵，还要不断地搜寻不同读音的字眼。这样，就有必要让我不断地追求词汇的变化，也有可能让我在脑海里牢牢记住这些变化。如此，我就会成为语言大师了。于是，我选出《旁观者》里的几则故事，改写成诗歌，过些时间，等我差不多忘记了那段文字时，再把诗还原成散文。还有的时候，我把所做的全部提示顺序打乱，过几个礼拜，再想方设法按照最佳次序排列起来，接着逐字逐句全部写出来，完成整篇文章。这样做，就能教我学会使用什么样的方法来整理思路。我把自己写的东西同原文两相比较时，就会发现不少错误，接着便予以订正。不过，有时我还得意地认为，自己在某些无足轻重的细枝末节上，竟然侥幸改进了原文的章法和措辞。想到这一点，又使我受到鼓舞，觉得有朝一日自己的英语也能够写得差强人意。对此，我怀着极大抱负。我夜里或者早晨上班之前，要不然就是礼拜天用来读书或练习写作。每逢礼拜天，我总是逃避到教堂做例行的礼拜，尽量想法待在印刷所里。父亲管教我的那些日子里,他老是强迫我去做礼拜。直到如今,我仍然认为这是一项应尽的义务,只是当时花不起这些时间而已。

大约十六岁那年,我凑巧弄到了屈里昂[①]写的一本提倡素食的书,于是决定实行素食。我哥哥那时还没有成家,不生火、不动灶,他跟学徒们都在另外一户人家里搭伙吃饭。我不吃肉引起了麻烦,还时常因为这种怪癖受到责备。我专门学会了屈里昂给他自己烹调菜肴的方法,比方说煮马铃薯、煮米饭、做速食布丁以及其他几种菜肴,接着向哥哥建议,要是他肯把我每个礼拜的一半伙食费给我,我想自己起伙做饭。他当即表示同意,我也很快发现,自己还能从他付给我的钱当中,再节省下一半来。这又是购买图书的一笔额外资金。而且这还给我带来另外一个好处:哥哥和别的学徒离开印刷所去吃饭的工夫,我可以一个人留在那里吃饭。我吃得非常简单,往往是一块饼干或者一片面包、一把葡萄干或者从点心铺买来的一块果馅饼,外加一杯白水。吃完以后,趁他们还没有回来,就利用这段时间学习。这样,我取得了更大进步,因为节制饮食可以使人头脑清醒,领悟也十分敏捷。

---

① 威廉·屈里昂(1729—1788年),英国殖民者,由于战功显赫,于1764年被任命为北卡莱罗纳州总督。

这时我又想到，自己由于不懂算术，受到过人们的耻笑，念书的时候就有两次没有学好。于是找来考科的算术书①，自己从头到尾不费吹灰之力地学习了一遍。我还阅读了赛勒和斯特梅关于航海的书籍②，学到了里面仅有的几何学知识。不过，对于那门学问的钻研，也就到此为止。大约也还是这个时候，我还读了洛克③的《论人的知解力》和波尔罗亚尔修道院④学者们写的《思维术》一书。

就在我一心一意提高语言能力的时候，我弄到了一本（可能是格林伍德写的）英语语法书⑤。书后附有修辞艺术和逻辑学的短文介绍，后者结尾是一则关于苏格拉底论辩手法的实例。不久，我又弄到了色诺芬⑥的《苏格拉底回忆录》，里面也有好些这种论辩术的例子。这种论辩术迷住了我，我于是放弃了生硬的反驳和言之凿凿的论证，而采取了这种论辩方法，争辩时，还佯

---

① 此处指爱德华·考科的《算术教本》一书。
② 这里分别指约翰·赛勒的《航海术手册》和撒谬尔·斯特梅的《水手大全》。
③ 约翰·洛克（1632—1704年），英国经验哲学家，著有《论人的知解力》等。
④ 系法国一西多会女隐修道院，成立于13世纪，17世纪经过改革初迁至巴黎后，与不少人文学者发生联系，而成为詹森主义和学术中心，对17世纪法国宗教和学术思想起了重大作用。
⑤ 即格林伍德的《英语语法》一书。
⑥ 色诺芬（约公元前6世纪），希腊哲学家和诗人，以一神教知名。

装出一副谦卑的样子进行质询。那段时间，我又阅览了夏夫兹博里[1]和柯林斯[2]的著述，变成了宗教怀疑论者，实际上，我早就对许多宗教教条产生了怀疑。我发现，运用这种方法，对于自己来说最为保险可靠，而对于跟我论辩的人来说，却叫他们不无尴尬。我对此感到十分得意，时常练习运用，成了引导人们做出让步的行家里手，即便是学识渊博的人也会这样。因为，他们事先预料不到竟是这样的结局，以致陷入重重困难无法解脱。而我的同自己身份或者论据不相称的胜利，就是这样得来的。连续几年内，我都使用这种方法，不过后来又渐渐放弃了它，仅仅在多少缺乏自信的场合，作为发表个人见解的习惯把它保留下来。每当我提出什么看法，只要可能引起争辩，就绝不使用"自然而然""毫无疑问"等对某一观点看似确定无疑的字眼，而宁可说我对某事"认为"或者对某事的"理解"是这样的，或者说，由于这种那种理由，"在我看来是这样的""我设想是这样的"，抑或说，"我觉得是这样的""如果我没有弄错，应该是这个样子的"。我觉得，在劝导人们同意自己的观点，说服他们相信自

---

[1] 夏夫兹博里（1671—1713年），英国剑桥派新柏拉图主义哲学家。
[2] 安东尼·柯林斯（1676—1729年），英国自由主义思想家、哲学家，崇尚自然神论。后任艾塞克斯郡地方官吏。

己一贯倡导的方法时，这种对话方式对我具有很大优势。再说，交谈的主要目的，不外乎"诉说"或者"聆听"，"悦人"或者"悦己"。所以，我希望善意聪明的人们，不要使用自信、武断的说话方式，以免削弱善行的力量。这种方式往往招来人们厌恶，形成对立，破坏我们交谈的上述目的。

其实，如果你想教诲人们，用独断的绝对态度提出自己的观点，非但引不起应有的关注，还可能激起抵触情绪。假如你想得到别人的教益，就不应该同时坚持自己当前的观点。谦虚明智而又不屑于争辩的人，就会置你的谬误于不顾。采取这样的方式，你很难取悦听你讲话的人，赢得你所期盼的赞同。蒲柏[1]曾深谋远虑地说过这样的话：

教诲人不得以教育者身份自居，
别人不懂的事理宜当作忘记来处理。

他还劝告我们说：

---

[1] 亚历山大·蒲柏（1688—1744年），英国诗古典主义诗人，有《卷发遇劫记》（1712年）和《愚人记》（1728年）等作品。《论批评》的出版，确立了其哲理性教诲和双行体大师的地位。下文所引的几行诗，即出于该诗。

宜仿佛不太自信地说话，尽管确凿。

依我看，还可以用他的另外一行诗两相匹配，而且，原来的联句还有欠妥帖，即：

缺乏谦恭即是缺乏头脑。

假如你问，为什么说有欠妥帖呢？我就必须重复一下那两行诗了：

傲慢的谈吐得不到谅宥，
缺乏谦恭即是缺乏头脑。

唉，难道"缺乏头脑"（一个是人多么的不幸，竟然缺乏头脑），不就是他"傲慢"的某种口实？这两行诗，如果这样改动一下，不是更妥帖吗？

傲慢的谈吐只能这样谅宥，

缺乏谦恭即是缺乏头脑。

不过，妥帖与否，还有待时贤加以评判。

且说，在一七二〇年，也或者是一七二一年吧，我哥哥开始创办出版报纸。这是美洲大陆上发行的第二份报刊，名字叫《新英格兰报》。此前唯一的一份报纸是《波士顿新闻通讯》。我还记得，他有些朋友劝阻他不要发行这份报纸，因为不太可能办得成功。而到现在（一七七一年），却起码有了二十五份报刊。然而，他当时还是着手办了起来。我那时干的活是，排好字印刷完毕，就携带报纸送到订户手中。

哥哥的朋友中，颇有才气横溢的人。为了消遣，他们就给报纸写些短小的文章，从而替报纸赢得了声誉，增加了需求。这些绅士也经常来拜访我们。听到他们交谈时，讲述他们的文章所得到的赞扬，我受到了激励，也想跟他们一起试试笔。可是，我那时还是个孩子，料想不管我写的什么东西，哥哥一旦得知，都不会同意在他报纸上刊登。于是，我设法改变了笔迹，匿名写了一篇文章，趁着夜黑放在印刷所门口。第二天早晨，哥哥发现了文章，等给他写稿的朋友来访时，提起了这件事。他们披阅后，当着我的面评论文章，得到了他们的赞许，我心里异常高兴。他们对作者做了种种不同的猜测，可提到的全是我们当中那些学识渊博、聪明颖慧的正直人士。现在想来，我当时有那样一些人评判自己的文章，可谓十分幸运，而当时，我却觉得他们并不是真正出类拔萃的人。

不过，既然受到了这样的鼓励，我又接着写了几篇文章，以同样的方式送到印刷所，也同样得到了采纳。我保守着这个秘密，后来觉得没有必要这样做了，才透露给他们。这时我发现，哥哥的朋友们更加器重起我来。可是哥哥却并没有高兴，因为他认为，这可能使我过分骄傲。而这也是我们之间产生分歧的一个由来。他虽说是我哥哥，但他总是把自己视为主子，把我当成学徒工。因此，只指望着我和别的学徒一样替他干活。而我觉得，自己理应得到哥哥更多的庇护，可他的一些指使，却过于降低了我的身份。我们的争执常常闹到父亲那里。现在想来，我一般情况下不是有理，而是更善于辩护，所以裁决总是有利于我这一方。可我哥哥脾气暴躁，时不时责打我，这伤害了我的感情，心想学徒生涯漫长难熬，不断盼望找个机会缩短学徒期限。终于，机会不期然而然地降临了。这或许是因为，我所受到的残暴待遇是在我内心烙上对专横权力憎恨的一种方式，而在我整整一生当中，这种憎恨须臾都没有离开过自己。

我们报纸上刊登的一篇政治评论——内容我记不起来了——触怒了州议会。议长签署的拘押证一下，哥哥便遭到拘捕，受到责难，在监狱里关押了一个月。我想，这大约是因为他不愿意透露作者姓名所致。我也给拘捕起来，受到了参议会的盘查。不过，我并没有使他们满意，他们只是申斥了我一顿，就同意放我出来。这也许是他们觉得我不过一个学徒，有义务替主人保守秘密的缘故。

尽管我和哥哥私下里发生了纠纷，我还是不满对他的拘押。这期间，我经手了报纸的出版发行，果敢地在报上去激怒统治者当局。哥哥对此十分高兴，而别人对我的看法却变得恶劣起来。他们认为，一个人年轻轻的，不应该生来就喜欢中伤讽刺他人。我哥哥获释时附带着一纸命令，一纸极端奇怪的命令："詹姆士·富兰克林停止出版发行题为《新英格兰报》的报纸。"

哥哥在他朋友们中间开了一次会，商议他在这个紧要关头应该怎么办，结果大家建议，为了绕开州议会的命令，把报纸名称更改一下。不过，我哥哥看出了这可能带来的麻烦，所以最后认为，今后以本杰明·富兰克林的名义办报为宜。同时，为避免州议会非难他让学徒继续办报，他又想了个办法，同意把我原来的学徒契约退还给我，并在背面上注明契约解除等字样，以资必要时予以证明。而且，为了保证我还得替他干活的权利，我应该另行签署一张新契约，以我学徒剩下的年头为期限，而且必须保守秘密。这个计谋可说不堪一击，但还是立即办理执行。于是，那份报纸又以我的名义发行了数月之久。

终于，我和哥哥之间又出现了新的纠纷，我便着手争取获得自由，因为我估计哥哥不敢公开新的契约。占这个便宜对我来说自然不太公平，如今看来，这是一生当中我所铸成的第一个大错。不过，当时我对这种有欠公平的做法却淡然处之。这是因为，哥哥虽说在平常情况下，并非心地乖戾，但一旦愤怒起来，就往往大打出手，使我心里怨恨愤怒。说到头也许是我过于莽撞无礼，容易惹人恼火的缘故吧。

他明白我要离他而去的时候，就挨家挨户跑遍了城里的印刷所，轮番给那里的老板递话，尽其所能阻拦他们雇用我，因而他们个个拒绝给我工作。于是我想到纽约去，那里也有一家印刷所，而且离我们这地方最近。考虑到我自己惹得统治当局已经十分嫉恨，加之从州议会审理哥哥案子的专横作为来看，即使我留下来，个人也很快就会陷入困境。所以，自己非常希望离开波士顿。再说，我对宗教的轻率批评，善良的教徒已经心怀恐惧，把矛头指向了我，说我是无神论的异端了。因此，我决心离开那里到纽约去。不过，父亲那时站到了哥哥一边。我内心明白，假如我公然离去，就意味着他们肯定要采取措施阻止我。我的朋友柯林斯于是包办了我的出走。他和一条开往纽约的单桅帆船船长商定，让我乘他的船前往，借口说我是他认识的一个青年，由于跟一个品行不端的姑娘有了私情，她父母强迫我和她结婚，所以既不能公开露面，也不能公开出走。我于是卖掉藏书，凑了一点钱，人不知鬼不觉地给带到了船上。还好，旅途一路顺风，三天以后，也就是十七岁那年（一七二三年），抵达了离家三百英里①的纽约。当时身上一封推荐信都没有携带，况且在那里又什么人都不认识，口袋里的钱也少得可怜。

我出海航行的爱好，那时已经烟消云散，不然的话，倒是能够如愿以偿了。不过我已学会了另外一门手艺，而且觉得自己还是个出色的工匠，于是找到威廉·布雷德福德②老板，自荐在他的印刷所工作。本来，他在宾夕法尼亚州是第一个印刷商，由于和总督乔治·凯思③闹翻了，才迁到了纽约。他生意清淡，所雇人手不少，不能让我在他那里谋职，但他告诉我："我在费城有

---

① 1英里≈1.64千米。
② 威廉·布雷德福德(1663—1752年)，美洲大陆开办印刷厂的先驱。
③ 乔治·凯思（1638—1716年），教友派领袖和传教士。

个儿子,他的得力雇员阿奎拉·罗斯[①]最近死了,正缺少人手,要是你去那里的话,我估计他能雇用你。"费城离纽约虽说有一百英里,我还是乘坐一条开往安博伊的小船上了路,留下箱子物品随后由海船托运过去。

穿越海湾时,我们遇到了风暴,船上那破破烂烂的风帆给撕成了碎片,根本驶不进基尔河,反而给吹到了长岛一带。旅途中,有个烂醉如泥的荷兰人,也是这条船上的乘客,从船舷上跌进海里。就在他正要沉没的当儿,我伸出手,从水里抓住了他那一头蓬乱的头发提起他来,总算把他弄回到船里。经过海水浸泡,他才清醒了些,先从口袋里掏出一本书,叫我替他晾干,接着睡觉去了。这原来是我最喜爱的作家班扬的《天路历程》的荷兰文译本,是铜板印刷的,页面讲究,纸张精良,装潢比我所见到的原文版更加精美。从那以后我发现,这部作品已经译成多种欧洲语言。我觉得,除了《圣经》,其他任何书籍的读者,大抵都赶不上这本书的多。就我所知,诚实的约翰是将叙事和对话糅合在一起的第一人。这是一种对于读者很有吸引力的写作手法,在小说最为兴趣盎然的地方,读者仿佛亲临其境,亲自参与到人

[①] 阿奎拉·罗斯(约1695—1723年),诗人,曾受雇于布雷德福德之子。

物的对话中来。笛福在《鲁滨孙漂流记》和《摩尔·弗兰德斯》以及其他作品中，就成功地模仿过这种手法。理查逊[①]在他的《帕美拉》等小说中也模仿过。

　　船靠近长岛时，才发现岩石嶙峋的海滩上浪涛汹涌湍急，是个无法靠岸的地方。于是，我们下锚泊船，朝岸上抛出缆索。这时有人走到海边朝我们呼唤，我也朝他们呼叫起来，然而风高浪疾，一片嘈杂，弄不清对方说话的意思。见到海岸附近有几条小船，我们便朝他们打起手势，叫喊着要他们前来接应我们。不过，要么是他们弄不明白我们的意思，要么是根本做不到，最后几条小船也驶离我们而去。夜色降临，我们仍然一筹莫展，只有耐着性子等待大风平息下来。与此同时，我和船主商定，如果船里容纳得下，不妨先睡上一觉，于是挤进舱房跟那个还是浑身透湿的荷兰人躺在了一起。浪花打在船头上，漏进舱房里的水浇在身上，不一会儿，我们也和荷兰人一样身上浸透了海水。我们就那样躺了一宿，几乎没有得到什么休息。好在第二天风势有所减弱，我们转而取道安博伊，想在天黑前驶抵那里。这时，我们已经在海上漂流了三十个钟头，除了一瓶不干不净的朗姆甜酒，既

[①] 撒姆尔·理查逊（1689—1761年），英国小说家。著有《帕美拉》《克拉瑞萨》等作品。

没有吃的，也没有喝的，船下只是咸涩的海水。

傍晚时分，我觉得自己发烧，躺到了床上。自己不知在什么地方读到过，喝下大量凉水可以退烧，于是如法炮制，几乎整整一夜大汗淋漓，热度退了下去。第二天早晨，摆渡过渡口后，我开始步行五十英里的路程到伯灵顿去。人们告诉我，在那里可能找到船只，载我走完全程抵达费城。

大雨整整下了一天，我浑身上下透湿透湿的，到中午时分已经筋疲力尽，便在一家破旧的小旅店里歇身，待了整整一夜。那时，才悔不当初，觉得自己压根不该离家出走。我穷愁潦倒，十分可怜，从人们盘查自己的问题中，我发现他们怀疑我是个在逃的卖身仆人，因此有遭到拘捕的危险。不过，第二天我还是接着赶路，黄昏时分，我投宿在一个距离伯灵顿只有八英里到十英里的客栈里。客栈主人是个医生，名叫布朗[①]。他趁着我吃点心的当儿和我攀谈起来。他发现我读过一点书的时候，态度显得十分亲切友好。此后，我们之间的交往，在他有生之年从没有中断过。我估计，他当过周游列国的郎中，所以不论英国的哪个城

[①] 约翰·布朗（约1667—1737年），医生及新泽西州伯灵顿一带的店主。受教育于伦敦，是深深吸引了富兰克林的自由思想家，死后，他的墓志铭可能就是富兰克林撰写的。

镇，甚至不论欧洲的哪个国家，他都了如指掌。他颇有学问，头脑机敏，却亵渎宗教，几年以后，竟然学着科顿①以前篡改维吉尔②诗的样子，把《圣经》恶作剧似的改成了打油诗。这样一来，就把许多事实置于了荒唐可笑的境地。假如有朝一日发表出来，就会有害于那些智力低下的人，所幸他写的东西压根没有出版过。

我在他客栈住了一夜，第二天上午到达伯灵顿，但却得知，开往费城的航船不久前刚刚起锚。那天正值礼拜六，下个礼拜二前不可能再有定期航船。这使我十分沮丧，又返回城里的老妇人那里。我从她那里买过姜饼，准备在路上吃，便去请教她的意见。她建议我在她家暂住，等有了别的路过船只再说不迟。由于徒步旅行劳顿异常，便答应了老妇人的盛情相邀。她得知我是干印刷的，又劝我留在伯灵顿，做我的营生，可她对开办印刷业所需要的物资种种，却一无所知。她非常热情好客，好心地款待我吃牛头肉，但只拿了我一瓶麦酒作为回报。我心里想，自己肯定得待到礼拜二了。不料，黄昏时分我到江边漫步，望见一条

---

① 科顿，即上文所提到的科顿·马瑟。
② 维吉尔（公元前70—19年），古罗马诗人，著有《牧歌》《农事诗》和《伊尼德》等长诗。

载着几个乘客的小船，路过此地驶往费城。他们让我上了船。那时风平浪静，我们划着桨一路行驶，可大约半夜的时候，还是望不见费城，乘客当中于是有些人语气肯定地说，我们想必驶过了费城，不愿意再继续划船，其余的乘客也不知道我们究竟到了哪里。于是，我们朝海岸划去，驶进了一条小河湾，在一道破旧栅栏附近登岸。十月的夜晚，凉意很浓，我们拆下栅栏横竿生起篝火，一直等到天亮。那时才有人认出，那里就是库柏湾，在费城偏北不远的地方。一驶出河湾，就望见了费城。那个礼拜天，上午八九点钟光景，我们到达了那里，在市场街码头登了岸。

对于这次旅程的描述，我之所以不厌其详，而且还要不厌其详地讲述初次进城的情况，为的是便于你在脑海里，在我生涯无法想象的悲惨开端和终于混得出人头地两者之间进行比较。那时，我的体面衣物正由海船托运，所以身上只穿着工作服，而且，由于在小船里待了很长时间，身上肮脏不堪，口袋里塞得满满的，全是脏衬衣和脏袜子。没有亲友，也没有地方存身。步行、划船，加上缺少睡眠，弄得我疲乏劳顿，饥肠辘辘。身上的现金只有一个五先令[①]银币和一个先令的铜板，就连铜板也当船

---

① 1971年英国货币制度改革之前，每英镑（Pound）等于20先令（Shilling），每先令等于12便士（Pence），1镑等于240便士。

费给了船主。起初他们因为我划过船不肯收下，但我还是坚持让他们收下了。你看，有时候一个人身上钱少，倒比钱多时出手大方。这或许是出于不愿意让别人觉得自己没有钱的缘故吧。

第二章

  我一边东瞧西望,一边朝大街一头走去,不觉来到了市场街。只见一个小男孩,手里拿着面包走了过来。自己以前也常常吃面包充饥,便问是在哪里买的,接着按他指的方向,立刻跑到面包房,说是想买些饼干,意思是指波士顿的那种。然而,费城似乎不做那种饼干,接着又想买三便士一块的面包,面包师傅还是对我说没有。我因为不知道价钱的差别,也不知道不同面包的不同叫法,就让他卖给我三便士一块的面包,什么样的都成,于是他给我拿了三块松软的面包圈。眼见能买这么多面包,我心里虽说惊讶,还是接过来,口袋里放不下,就在两腋下面各夹一块,嘴里吃着第三块走了出来。我就这样沿着市场街逛着,从我未来妻子①的父亲里德先生门前路过，一直走到第四大街。当时，里德小姐站在门口看到我这副模样，想必觉得我非常窘迫可笑。我一路吃着面包圈，转弯走过了板栗街，在胡桃街溜达了一段路程，结果发现，自己绕了一圈又回到了市场街码头自己乘坐的小船附近。我跑到码头那里，喝了一阵河里的凉水。由于一个面包圈填饱了我的肚子，便把另外两个面包圈送给了在河上乘同一条船来的女人和孩子。她们正等着往前赶路。

吃过面包圈，我精神为之一振，又沿着街道闲逛起来。这时，大街上有许多衣冠楚楚的人朝同一个方向涌去。我跟随在他们中间，来到市场附近一个高大的教友会礼拜堂。我在他们当中坐下来，朝四面打量了一会儿，也没听见有人讲演。由于前一天夜里十分劳顿，又缺少睡眠，只觉得一阵困倦袭来，当场倒头睡去，到礼拜结束也没醒来，多亏有个好心人把我叫醒了。这是我在费城去的第一所房子，也是在那里第一个睡觉的地方。

我走出来，一面观察着每个人的脸色，一面朝河边走去，恰好遇到教友会的一个和颜悦色的年轻教徒。我上去跟他打了招呼，问他新来乍到的人在哪里能够找到借宿的地方。当时，我们

---

① 即德波拉·里德小姐。她与罗杰斯离婚后，与富兰克林成婚。故又叫德波拉·里德·罗杰斯。

正在"三水手"招牌附近，他对我说："这里就是接待外地人的食宿站，不过，名声不太好。要是你愿意跟我一块走，我可以领你去一个好地方。"他把我带到了清水大街的"屈曲士兵接待站"，在那里吃了午饭。吃饭的时候，他们问了我几个问题，无论从我的年纪，还是外表来看，他们都怀疑我是从家里偷跑出来的。

吃过饭，站上的招待准备好了床铺，我和衣躺下睡到下午六点钟的光景，这时就有人叫我起来吃晚饭。晚上，我又早早上床，沉睡到第二天早晨。起来后，我尽可能穿戴整齐，到安德鲁·布雷德福德[①]印刷所去。我在那里见到了安德鲁的父亲，就是在纽约见过的那位老人。他一路骑马到费城来，比我先期到达。他把我介绍给他儿子，后者彬彬有礼，接待了我，还款待我吃早饭，但对我说，他刚刚雇了人，眼下不缺人手。不过，又说城里新开办了一家印刷所，老板凯莫[②]先生可能会雇用我。如若不然，他欢迎我住到他家里，在找到全日工作前，还会不时让我

[①] 安德鲁·布雷德福德，即上一章在纽约开办印刷所的威廉·布雷德福德的儿子。
[②] 撒缪尔·凯莫（约1688—1742年），印刷商，1722年赴费城，1723年雇用富兰克林为熟练工。

干些零活。

老布雷德福德先生说，他愿意跟我一道去新印刷所。找到凯莫先生后，老先生便说："老街坊，我带来看你的人，是干你这行的青年。你大概需要这样的人手吧。"凯莫问了我几个问题，把一副排字盘递到我手里，看我怎样操作，接下来说，虽然眼下无事可做，但不久就能雇用我。以前，凯莫从来没有见过老布雷德福德，把他当成了一个对他怀着善意的同乡，跟他谈起了目前的生意和未来的前景。布雷德福德并没有透露自己是另外一家印刷所老板的父亲，听凯莫说起，估计很快就能把大部分生意弄到自己手里时，就从一些小小的质疑问起，狡黠地诱使凯莫道出了全部实情，诸如他身后依靠什么背景啦，他打算怎样经营啦，等等。我站在旁边听着，立即看出他们二人，一个狡诈而老于心计，一个则初涉此道。布雷德福德把我留在凯莫那里，一个人走了。我把老人的身份告诉凯莫时，他感到非常惊讶。

这时，我看到印刷所里只有一架破旧印刷机和一套磨损了的小号英文铅字。凯莫正在用这套铅字排印悼念阿奎拉·罗斯的《挽歌》。正像前面所提到的，罗斯年轻聪慧，品行高尚，既是诗人，又是州议会的秘书，深得城里人的敬佩。凯莫也写诗，但差强人意。不过很难说他是写诗，他的方法是脑子里想好以后，直接用那套铅字排印出来。由于只有一副字盘,没有原稿,《挽歌》又差不多需要所有的铅字,所以谁也帮不了他的忙。我想尽力把他那架印刷机修理一下(他还从来没有用过那架印刷机,也不知道怎样用),好准备使用,还答应他一旦《挽歌》排好字,我就来印刷。我回到布雷德福德印刷所,眼前他只能给我些零碎活儿干,也就在那里食宿。几天后,凯莫打发人来叫我去印刷《挽歌》。那时,他又弄到了一副字盘,还需要重印一本小册子。他叫我去就是干这些活儿。

我觉得,这两个印刷商都没有经营这项业务的能力。布雷德福德学的不是印刷,又不识字,凯莫虽说有些学问,但只是个排字工,对于印刷一窍不通。他原来是法国的宗教预言家,善于热情洋溢地进行宣传鼓动。那时,他已不属于什么特殊的教派,可有时又和所有教派都有某种联系。他不谙人情世故,骨子里像我后来所发觉的那样,又有不少流氓习气。我跟着他做工,又住在布雷德福德那里,他因此心里不甚高兴。不过,他在方才说的里德先生那里,为我搞到了住宿地方,而里德先生也是凯莫的房东。那时,我存放衣服的箱子已经运到,于是穿戴得比较体面。在里德小姐眼里,与她第一次见我在大街上吃面包圈的尊容,已经大相径庭。

此刻，我在城里年轻人当中，已经结交了一些喜欢读书的朋友，夜晚跟他们在一起，过得十分快乐。同时，我也靠勤奋和节俭，有了一点积蓄，因此生活得心满意足，尽量想把波士顿忘得一干二净。除了朋友柯林斯，但愿谁都不知道我在哪里。唯有他知道这个秘密，但也对此守口如瓶，非常忠实于我。不过，终于还是发生了一件事，使我返回家乡的时间，比我原来计划的时日提前了许多。我的一个姐夫罗伯特·霍尔姆斯，在一条单桅帆船上当船长，穿梭运营于波士顿和特拉华州之间。当时，他正在费城以南四十英里的纽卡斯尔，听到我的消息后，给我写了封信，十分诚挚地盼望我返回故乡。信中还提到，我的突然出走，使留在波士顿的亲友非常忧伤。他还让我放心，他们对我还是怀着美好祝愿的，又说，只要我回来，所有事情都好解决。我回了信，感谢他的忠告，同时充分陈述了我离开波士顿的种种理由，让他深信我并不像人们所了解的那样一无是处。

州总督威廉·凯思[①]那时也在纽卡斯尔。信到达那里时，霍尔姆斯船长恰巧同总督在一起，就跟他谈起了我，还把信递给他看。总督看完信，得知我还十分年轻时，感到非常诧异。他说，

[①] 威廉·凯思（1680—1749年），在南部各州海关卸任后，于1717—1726年出任宾夕法尼亚州总督。

看来我是一个生来颇有前途的青年，应当多加鼓励，而费城的印刷业很不令人满意，假如我在那里开业，无疑能取得成功。就他来说，他愿意为我介绍公用业务，尽力为我提供各种其他帮助。这是后来我姐夫霍尔姆斯到了波士顿讲给我听的，但当时我对此一无所知。有一天，我跟凯莫在窗下干活，只见总督偕同一位衣冠楚楚的绅士（原来就是特拉华州纽卡斯尔的弗兰奇陆军上校）正穿过大街，一直朝我们印刷所走来，接着便听到他们敲门的声音。

凯莫以为是来拜访他的，立刻跑下楼去。然而，总督却打听着我爬到楼上，用一种我不习惯的夹杂着眷顾和鼓励的客气口吻，大大夸奖了我一番，希望能与我结识，还不无善意地责备我，刚刚到费城时为什么不知会他一声，同时要我跟他一起去喝酒。他说，自己和弗兰奇上校正想去一家酒馆，品尝一种上好的马德拉白葡萄酒。我非常吃惊，凯莫更是瞠目结舌。不过，我还是同总督和弗兰奇上校来到第三街拐角的一家酒馆。他喝着马德拉酒，建议我自己开业，并历数我事业有成的种种可能。他和弗兰奇上校两人都向我保证，我可以利用他们的权力和影响，承包政府与军界的公共业务。当我提到怀疑我父亲是否愿意协助我时，总督说他马上给他写封信交给我，列举那里的各种优势，还说他肯定能劝说父亲答应下来。我们最后决定，由我携带总督写给父亲的信，乘坐第一班轮船返回波士顿。在这期间，为了保守这一秘密，我照常到凯莫那里去帮工。总督还时不时派人来，叫我去他那里吃饭。他这一举动，尤其是他和我谈话时那种亲切和蔼的友好态度，更使我感到一种莫大的荣幸。

一七二四年四月底，恰好有一艘小船开往波士顿。我便向凯莫告假，说是去看望朋友。总督把一封厚厚的信交给我，极力主张我在费城开办印刷业务，说这是一桩能给我带来幸运的事情。我们驶出海湾时触了礁，船开始漏水，海面上又是风疾浪涌，不得不一刻不停地用抽水泵抽水，我也轮换着值班。不过，经过两个礼拜的航行后，终平安到达了波士顿。我离开家乡已有七个月之久，亲友们没有我的一点消息。我姐夫霍尔姆斯那时还没有回来，也没有写信提起我的情况。我意外回来，一家人非常惊喜（除了我那个哥哥），见到我都高兴异常，热情地给我接风。接着我便到他的印刷所去看望他。那时，我跟在他那里当学徒的日子相比，衣着体面了不少。从头到脚，一身雅致的新衣服，一块怀表，口袋里放着将近五英镑银币。他不大坦然地跟我打了招呼，从上到下打量了我一番，就扭过头接着干活去了。

所里出了徒的工匠都十分好奇，问我究竟到哪里去了，那地方怎么样，以及喜欢不喜欢，等等。我大大吹嘘了一番自己在那里的生活情景，还说，自己强烈盼望着再回到那边去。其中一个问我，那边花什么钱，我拿出一大把银币，放在他们面前。那可真是一种他们从来没有目睹过的奇观，因为波士顿的钱都是纸币。后来，我找了个机会，让他们看了我的怀表，最后，由于哥哥脸色一直阴沉不快，就给了他们每人一枚五先令银币去买酒喝，便告辞了他们。我这次的造访，大大伤了哥哥的心，因为后来他听母亲说起，让我们两个和解，盼望看到我们保持手足情谊，将来和睦相处的话时，他说，我当着他的工匠用这种方式侮辱他，是他永远不能忘记，也永远不能宽恕的。不过，他这样想，可是大错特错了。

看到总督的来信，我父亲不无惊讶，有一段时间什么话也没有说。霍尔姆斯船长回到家来，父亲把信拿给他看后，问他是否认识威廉·凯思爵士，他的为人又如何。又说，凯思爵士竟然让一个还有三年才成人的孩子自己创业，想必是有欠考虑的。霍尔姆斯说，他赞同这项计划，可是父亲极力反对，最后还直截了当地予以否决。他又给威廉·凯思爵士写了一封信，婉转地感谢他对我的友善提携，但谢绝了他帮助我立业的好意。因为在父亲看来，我那时还非常年轻，不能把这样重大的事业托付于我，再说，动手准备起来，开销也非常可观。

我的老朋友柯林斯，那时在邮政局当职员。他听了我对新天地的讲述，感到非常兴奋，所以也决定到那边去。我等待父亲做出决定的当儿，他已经先我由陆路到了罗德岛，把他搜集的数学和自然哲学的不少藏书留在那里，打算让我带着我们两人的藏书前往纽约。他建议我们在那里会齐。

虽说父亲不赞成威廉·凯思爵士的提议，但我能够从这样一个德高望重而且与我一起生活过的人嘴里，得到对我品格的如此嘉许，能够这样勤奋和谨慎，在这样短暂的时间里，就把自己打扮得如此漂亮，他还是十分高兴。看到我和哥哥之间无望和解，又终于同意我返回费城，但告诫我说，要跟当地人谦和相处，尽量赢得普通人们的尊重，切忌刻薄挖苦，因为他觉得我很有可能这样做。还说，只要凭借我自己的勤奋做事，坚持不懈，而且量入为出，勤俭节约，到二十一岁头上，我就有足够的积蓄，可以自己创办事业了。万一稍有短缺，他也会帮我凑齐。当我带着父母的认可和祝福，再次乘船开赴纽约时，除了他们送了些小礼物表示爱心以外，我所得到的就是这样一番叮咛。

单桅帆船在罗德岛纽波特停靠下来后，我便去看望在那里成家立业数年的哥哥约翰。一向疼爱着我的他，深情地招待了我。

他有个叫弗农的朋友，在宾夕法尼亚州有一笔款项，大约三十五英镑，到了要归还他的期限。哥哥吩咐我替他收下代为保管，等候他通知我怎么处理。于是，他交给我一张钱票，前去办理交接手续。后来，这件事使我心里大为不安。

在纽波特，又上来几个乘客。其中，有两个结伴同行的年轻女子，另一位是个主妇模样的教友会教徒，流露着通情达理的神情，身边还带着几个仆人。我对那妇人亲切殷勤，乐意为她效劳，这可能使她留下印象，对我产生了好感。因此，她见到那两个年轻女子和我日益熟络，而且她们似乎也怂恿我这样做的时候，那妇人把我拉到一边，说："年轻人，你无亲无友，好像不太明白这个世道，又不了解给年轻人设下的陷阱，我可真替你担心哪。不过，听我的话，这是两个坏心肠的女人，从她们举止当中就看得出来。如果你失去警惕，她们会陷你于危险当中。既然你跟她们不认识，我还是劝你别跟她们交往。我这样劝你，是出于对你的善意关心，是为了你好。"起初，我似乎并没有把那两个女子看得像她想象得那么坏，她就讲起了几桩自己耳闻目睹的事情，而这些事情我却没有留意。然而，那会儿我深信她的话是很有道理的了。我对她的忠告表示感谢，答应照她说的去做。我们抵达纽约时，两个女子告诉我她们住在哪里，并邀请我去看望她们。我没有去，也亏得没有去。次日，船长就发现丢了一把银匙，还有别的什物，是从他舱房里偷走的。船长明白她们是妓女，就弄了一张搜查证去查抄她们的住处，结果找到了赃物，处罚了那两个小偷。所以说，我们虽然途中躲过了沉船的暗礁，可我心里觉得，躲过这一劫，对我来说更为要紧。

我在纽约找到了先期到达的柯林斯。我们俩从孩提时代就亲密无间，常凑在一起阅读同样的书籍。不过，他有优于我的地方：他读书和学习的时间多，有学习数学的天赋，数学知识远胜于我。我住在波士顿那阵子，闲暇时聊天闲谈，大半时光都是跟他一起度过的。他一向是个谨慎勤奋的青年，受到几个神甫和绅士的敬佩，未来似乎很有希望成为出类拔萃的人。然而，就在我和他分离的这段日子里，他染上了酗酒的恶习。按照别人和他自己的说法，我发现他自从到了纽约，每天都喝得酩酊大醉，行动奢侈放纵。他还赌博，而且赌输了钱。所以，我就只得替他垫付房租，还要支付去费城的盘缠，以及在费城的开销。这对我来说不胜负担。

当时纽约总督伯内特[①]（伯内特主教之子）听船长说，船上

[①] 威廉·伯内特（1688—1729年），索里兹伯里主教吉尔伯特·伯内特的儿子，曾先后任纽约、新泽西和马萨诸塞州总督。其藏书之丰在新大陆名列前茅。

有位旅客带了很多书，就请他把我带去见他。我一人前去拜访了他，假如柯林斯神志清醒的话，我会叫他跟我一起去的。总督接待我时十分客气，还让我看了他的藏书，实际上是个藏书很多的图书馆。我们谈了不少有关图书和作者的话。他是第二位看重我，使我感到荣幸的总督，像我这样出身清贫的青年，当时觉得十分幸运。

尔后，我们继续赶路到费城去。旅途上，我收到了弗农那笔款项，不然的话，我们很难完成旅程。柯林斯打算找份账房里的事由。然而，要么是人家闻到了他一身酒气，要么就是见他行为乖张，虽说他带了几封推荐信，却一直没有找到工作，因此仍然跟我在一处食宿，由我会账。他晓得我收到了弗农的款子，便不断跟我借贷，但仍然答应一旦找到工作，就归还借款。最后，他借得实在太多了，我心里不免惴惴不安：假如弗农要我汇款，我可怎么办呢？

他的酗酒有增无已。我们便有时为此口角几句，因为他稍稍喝了点酒，脾气就比较暴躁易怒。一次，我们跟几个年轻人在特拉华河上乘船游玩，轮到他划船时他坚决不干。"你们得把我划回家去。"他说。"我们才不替你划哩。"我说。"你们非划不可。"他说。"要不然咱们就在水上待一夜，随你们的便吧。"

旁的人说:"那就咱们来划吧,这个样子没有什么意思。"可是想到他的种种作为,我心里十分恼怒,仍然拒绝划船。于是他发誓非要我划船不可,不然就把我丢进河里。说着他踏过坐板朝我冲过来,挨到我面前,伸手就打,我低下头钻进他的裤裆里,又猛地站起来,一个倒栽葱把他抛进河里。我知道他水性很好,所以并不担心。而且,趁他还没有转身抓住小船,我们又划了几桨,把船划到他够不着的地方。只要他一接近小船,我们就问他到底愿不愿意划船,接着再划得离他远一点。这时他虽然恼怒得要死,可依然倔强得不肯划船。直到眼见他已经筋疲力尽,我们才把他弄到船上,浑身湿淋淋的,把他带了回来。有了这次经历,我和他之间再也没有说过客气话。后来,一个西印度群岛的船长见到了他,前者正好受托替巴巴多斯的一个绅士的儿子物色家庭教师,便建议他一同前往任职。他答应下来,临行前做出允诺说,欠我的钱在他第一笔薪水里如数归还。不过,我以后根本没有听到过他的消息。

滥用弗农托付给我的款项,是我生平当中所铸成的大错之一,也说明父亲认为我还太年轻,无法经营业务的判断不无道理。不过,威廉爵士看了父亲的回信,却说他谨慎得过了头。人与人之间的不同相去千里万里,谨慎未必随年纪俱增,年轻也未必会失于谨慎。"既然你父亲不帮你开业,那我自己帮你好了。给我开列个需要在英国采购物品的清单,由我派人去那里采购。等有能力的时候,你再归还不迟。我下了决心,此地得有一家出色的印刷所,相信你一定会成功。"他的这番话,听起来说得那么郑重诚恳,所以我一点也不怀疑他说话竟然会不算数。我一直对自己在费城开办业务保守秘密,那阵子仍然没有透露出去。倘若人们听说我想依靠这位总督的话,或许就会有熟悉他的朋友劝告我不要这样做,因为后来我才得知,总督好慷慨许诺,而又从不履行,这已是他无人不晓的品格了。然而,由于我根本没有请求过他,我怎么能识破他落落大方的许诺,竟然会言不由衷呢?当时,我认为他是世界上最好的一个人。

我交给他一张不大的印刷所需要设备的清单,据我自己估算,价值大约一百英镑。他看了后非常高兴,问我假如由我自己到那边去挑选铅字,做到设备件件合格,件件精良,不是更有利吗?他说:"而且,你到了那边,还可以结交些人,可以和销售图书和文具行业的人建立通信联系。"我表示同意,说那样做可能比较有利。"那么,"他说,"就准备搭'安尼丝号'动身吧。"在当时,"安尼丝号"是每年一班往返于伦敦和费城的唯一航班。不过,那时离"安尼丝号"起航还有好几个月的时间,所以我还是给凯莫帮工,心里却为柯林斯从我手里借走的钱而忐忑不安,担心弗农叫我把款子汇过去。好在几年过去了,他并没有来催那项款子。

这里,想必是漏掉了一件事:我头一回由波士顿来费城途中,由于风平浪静,船只好停泊在布洛克岛附近,于是船员捕捉起鳕鱼来,而且网上来不少。到那时候为止,我一直坚持不杀生、不吃荤。见到这种情景,我根据屈里昂老师的见解认为,鱼类根本没有也不可能加害我们,使得我们去屠杀它们,所以无论捕捉什么鱼,都是毫无来由的谋害。这看来十分合情合理。然而,自己以前非常喜欢吃鱼,因此看见香喷喷的煎鱼出锅,便在原则和喜好之间踌躇了很长时间。后来,我想起剖鱼时,别人从鱼肚里拿出过小鱼,于是觉得:"要是你们都是你吃我、我吃你的,那我就看不出我们为什么不该吃你们了。"于是,我大吃特吃起鳕鱼来。而且从那以后,我的膳食就跟别人一样,只是偶尔吃素而已。你看,人作为理性动物是多么实用而又取巧的一件事!因为,这可以让你能为你所做的每一件事,寻找或者编造一个理由。

我和凯莫相处得十分亲近,相互走动也比较融洽。他丝毫没有怀疑到我自己开业的事,还像以往那样热情,喜欢争论,因此我们之间经常辩论。我喜欢用苏格拉底的方式捉弄他,经常设下圈套,问一些表面上与我们所谈远不相干的问题,进而逐渐切入正题,置他于窘迫和自相矛盾的境地。最后,他终于谨慎得好笑起来,若不先问问"你想用这个说明什么呢",就连平平常常的问题也几乎不愿意回答。不过,这使他对我的辩论能力产生了很高评价,一本正经地提出,要我跟他联手筹划创立一个新教派。他负责宣讲教义,我负责驳倒反对者。他就教义给我进行解释的时候,我发现其中某些有症结的地方,除非允许我按自己的方式,稍稍加上个人解释的话,不然我不会表示同意。

凯莫蓄着长长的胡须,因为摩西律法书里什么地方说过:"你不可割去胡须的边缘。"① 同样,每个礼拜的第七天还要过安息日。这两点对他来说至关重要,可这两者我都不喜欢。不过,还是接受下来,只要他采纳不吃肉食这一戒律。"我怀疑,"他说,"我的身体会受不了。"我让他放心,说他的身体没有什么受不了,反而会好起来的。他平素饭量很大,我当时的想法是,饿一饿他倒也好玩。他同意实行素食,但我也必须陪着他吃素,我答应下来。这样我们一连坚持了三个月的光景。饮食

---

① 见《圣经·旧约·利未记》第十九章第十节。原文是:"在你们地里收割庄稼,不可割尽田角,也不可收拾所遗落的。"

是一个女街坊替我们购买、烹饪，按时送过来的，我给她开了一张足有四十道菜的食谱。她变着样儿给我们准备饭菜，不过，既没有鱼、肉，也没有鸡、鸭。这个心血来潮的想法，由于花钱很少在那时节对我倒更合适，一个人每礼拜还用不了十八便士。从那以后，我严格按照规矩过了几个四旬斋，一下子从平常饭食换成吃斋，然后再一下子从吃斋换成平常饭食，我没有丝毫不便。所以我认为，所谓饮食需要渐渐改变的说法，几乎没有道理可言。我继续吃着素食，心里十分快活。然而，可怜的凯莫却遭受了很大痛苦，厌倦了这项计划，对埃及式炖肉馋涎欲滴，于是叫了一道烤猪，还邀请我和两个女友一同进餐。可是，烤猪端上桌子太早了，他又抵御不了诱惑，所以没有等我们到那里，就给他吃得一干二净。

我就在这期间向里德小姐求爱了。我对她非常尊重而又爱慕，而且有理由相信，她对我也是如此。然而，由于我长行在即，两人又非常年轻，才十八岁多一点的样子，她母亲认为，目前最明智的办法，是防止我们的越轨举动，说到成婚，也以等我归来为宜。到那时，但愿自己已经创办了事业。或许，她也觉得对我的期望，不如我自己想象得那样可靠。

那时节，我所结交的人主要有查尔斯·奥斯本[①]、约瑟夫·华生[②]和詹姆士·拉尔夫[③]等，他们都爱好读书。城里有个查尔斯·布洛克登，是出了名的办理财产转让的公证人，前两人就在他手下任职。拉尔夫在一家商号当职员。华生正直诚实，通情达理，而且笃信宗教。其他两人对于宗教信条则不那么执着，特别是拉尔夫，他和柯林斯一样，经常被我弄得心神不宁。他们两人正是因为这一点，给我带来了不少麻烦。奥斯本敏感、公正、坦率，对于朋友诚恳而且热情。只是在讨论文学的时候，十分喜欢批评别人。拉尔夫头脑聪明，风度翩翩，说起话来机锋雄辩，在我心目中，他是我所见过的最能言善辩的人。两个人又都爱好诗歌，还动手写些短诗。礼拜天，我们几个人常常在树林里，沿着舒伊尔基尔河[④]堤散步，朗诵自己的诗作，相互交换读诗的心得，心里十分快乐。

拉尔夫打算完全致力于诗歌，对于自己能够深谙此道，甚而

[①] 查尔斯·奥斯本，生平不详，富兰克林在费城时的朋友之一。
[②] 约瑟夫·华生，富兰克林在费城时的早期朋友之一。
[③] 詹姆士·拉尔夫（？—1762年），英国著名政论家，富兰克林在费城时的朋友之一。1757年，与富兰克林在伦敦重叙旧谊，帮助富兰克林进行宣传鼓动活动。
[④] 舒伊尔基尔河，起源于宾夕法尼亚州中东部，沿东南方向蜿蜒汇入费城附近的特拉华河。

至于由写诗而飞黄腾达毫不怀疑。他认为，最伟大的诗人在开始练笔的时候，想必都会像他那样有许多不足之处。奥斯本却想千方百计地阻止他，让他相信自己并没有写诗的天赋，劝他除了自己所学的本行，不要异想天开。还说，在经商方面，他虽说眼下没有本钱，但依靠勤奋和守信，自己就可能当上经纪人。与此同时，可以积累资金，最终自己开业。就我来说，我同意的只是，不时写诗可以愉悦身心，提高驾驭语言的能力，除此以外，并没有更多的作用。

于是我们建议，下次聚会的时候每人写一首诗，相互观摩评论，相互指正，以期有所获益。我们考虑的是行文和表述，而不是如何创作，所以商定改写《诗篇》第十八篇，就是描述上帝降临的那篇。见面的日子就要到了，拉尔夫先来找我，告诉我他的诗已经写好。我对他说我一直很忙，又没有多少兴致，什么都还没有写。接着，他让我读读他的诗，提提意见。他的诗我非常欣赏，在我看来非常出色。"喏，"他说，"凡是我写的东西，奥斯本从来不承认出色，反而出于忌妒，常常提出种种批评指责。不过，对你倒不忌妒，所以我希望你把它拿去，当作你写的，我假装没有空闲，什么也没有写出来。我们看看他说些什么。"说定之后，我立即誊写了一遍，看起来像是出自我自己的手笔。

我们又见了面。华生朗读了他的诗,其中不无优美之处,但也有不少败笔。接着,奥斯本读了他的诗,与华生的相比,出色不少。拉尔夫的评判十分公允,既指出了不足,又赞扬了其中的佳句。他自己没有写出诗来,我也神情羞涩,仿佛请求原谅似的,说了些没有足够时间进行润色之类的话。然而,他们不接受任何借口,说我必须拿出诗来。诗读了一遍,又重复了一遍,华生和奥斯本两人不再竞争,都击节赞赏起来。拉尔夫只提了几点批评意见,建议进行一些修改,我却仍然为自己的诗辩护。奥斯本严厉斥责拉尔夫的意见,对我说他的批评和他写的诗同样蹩脚。他们两人回去的路上,据说奥斯本对我写的那首诗,又大加赞扬了一番。据他说,刚才他说的话是有所保留的,免得叫我觉得他在奉承我。"可是,谁又想得到,"他说,"富兰克林竟然能写出这样的好诗,这么绘声绘色,这么有力而又激情四射!甚至比原诗更出色。他日常谈话时,总好像理屈词穷,支支吾吾,漏洞百出似的。可是,我的上帝,他写作起来又是多么出色呀!"我们再次聚会,拉尔夫透露了我们玩弄把戏的真相时,奥斯本受到了大家的嘲笑。

这样一来,就坚定了拉尔夫成为诗人的信心。我尽自己所能来劝阻他,但他在蒲柏让他信服以前,还是继续涂鸦写诗。不过，他后来却成了十分不错的散文作家，我下面还要再说到他。可是，另外两人就可能没有机会提到了，所以想趁此交代一下。就在几年后，华生死在了我的怀抱之中。由于他是我们这群人当中最优秀的一个，所以我们感到非常悲痛。奥斯本去西印度群岛后，在那边财源兴旺，成了著名律师，但却英年早逝。我和他认真约定过：两人不论谁先死，如有可能，要去看望另外一个，给他讲讲另外一个世界上的情况，然而，他根本没有履行诺言。

总督仿佛十分喜欢我的陪伴，经常约我到他府上，而且，每每提到帮我立业的事，总说那已是既定的计划。除了信用证，为我提供购买印刷机、铅字和纸张等物品的款项以外，他还叫我带几封写给一些朋友的推荐信。他叫我信写好了就去拿，已经去过了好几次，可又总是推到以后再说。这样一来二去，眼看就到了船扬帆起航的日子，而船的行期已经多次推迟了。于是，我跟他告别去取信时，他的秘书伯尔德出来说，总督正在写东西，非常忙碌，不过，他在船起航之前，一定能赶到纽卡斯尔，把信交给我的。

虽说那时拉尔夫已经成家，生了一个孩子，但他还是决定陪我远航。想来他是到那边建立联系，以便取得经销商品的授权。不过，我后来才发现，他因对妻子家人不满，打算把妻子交付给他们，自己离开美洲不再回来。我告别了朋友，和里德小姐相互盟誓以后，乘船离开费城，在纽卡斯尔下锚停泊。这时，总督已经到了那里。可是，当我去他寓所时，他的秘书出来见我，说总督正忙于重要公事，非常抱歉，不能见我。不过，总督又说了些衷心祝我一帆风顺，早日归来之类的话，还说他会把信送上船来。我回到船上，心里虽有点纳闷，但仍然没有怀疑。

费城著名律师安德鲁·汉密尔顿先生和他儿子，也乘那艘船旅行。同他们在一起的，还有一个教友会商人德恩罕①先生，以及马里兰铁厂的两位老板——俄尼恩和拉塞尔先生。他们预订的是头等舱，我和拉尔夫就不得不坐三等舱的铺位。船上谁也不认识我们，就把我们当作了普普通通的人。不过，汉密尔顿先生由于重金受聘，替一艘罚没的船进行辩护，就和他儿子，也就是后来当上了总督的詹姆士②返回了费城。就在轮船起航前，弗兰奇上校上了船，并且对我表示了敬意。我这才受到更多的关注，我和拉尔夫也因此应几位绅士的邀请，搬到了头等舱。那里现在有了空铺，我们也乐得照他们说的搬了过去。

---

① 托马斯·德恩罕（？—1728年），费城商人，富兰克林的赞助人。
② 詹姆士·汉密尔顿（约1710—1783年），分别于1748—1754年和1759—1763年出任宾夕法尼亚州总督。

得悉弗兰奇上校带来了总督的信函,我便找到了船长那里,索取那些转给我的信件。船长说,所有信函都放进了袋子,一时找不出来,不过,在到达英国之前,我还有机会把它们一一查找出来。我当时放下心来,继续我们的航程。我们在船上相处亲切,加上汉密尔顿先生留下的种种丰富物品,日子过得万分愉快。旅途上,我和德罕姆先生之间建立起了友谊,一直持续到他生命的尽头。这次航行,假若没有这么多日子的恶劣天气,则是十分惬意的。

第三章

我们驶入英吉利海峡,船长遵守诺言,让我趁这个机会在袋子里查找总督的信件。结果,看到一些信上写着我的姓名由我转交的信,便核对着笔迹,挑出了六七封。认为这些可能都是总督为我写的信,特别是其中写给皇家印刷所巴斯基特先生的那封,还有写给另一个文具商的那封。一七二四年十二月二十四日,我们抵达伦敦。我先顺路去拜访那个文具商,把那封信交给他,说是凯思总督写来的。"我不认识你说的这个人。"那文具商说。"哦!原来是里德尔斯登的信。我近来发现他整个一个无赖,不想跟他有任何来往,也不想接到他的什么来信了。"说着,他一下子把信塞到我手里,接着转过身,丢下我接待顾客去了。原来这些信竟然并不是总督写的,我不禁十分惊讶。对于这几番经过进行回忆和比较以后,我对总督的诚意开始怀疑起来。我找到我的朋友德恩罕姆，把事情的来龙去脉告诉了他。他给我讲述了凯思的为人品行，说凯思根本不可能给我写信，凡是了解他的人，都绝对不会信任他。对于总督给我银行信用证的想法，他觉得十分好笑，因为他说，总督根本没有信用证可给。当我对自己的出路表示出担心时，他建议我想方设法找到一个本行的工作。"在这里的印刷所里干活。"他说，"你可以提高技能，等以后回到美洲，再开业就有了更大优势。"

我们两个人，还有那个文具商凑巧都了解，那个叫里德尔斯登的律师完全是个恶棍，是他挑唆着里德小姐的父亲跟他订立了一份合同，毁掉了里德先生半数的家产。从他的信看来，似乎有什么人正在筹划一项有损于汉密尔顿先生的阴谋（他们以为，汉密尔顿先生会同我们一道来英国），凯思和里德尔斯登就参与其中。德恩罕姆是汉密尔顿先生的好友，认为汉密尔顿应该了解这件事。所以，当汉密尔顿先生到达英国后不久，我就去拜访他，把信交给他看。这一来是出于对凯思和里德尔斯登的敌意和憎恨，二来是出于对汉密尔顿先生的友善。他真挚地向我表示感谢，说里面的情况对他非常重要。从那时起，汉密尔顿就成了我的好友，后来在好多场合都替我出了不少力。

然而，堂堂一个总督竟然玩弄这种可怜伎俩，这样狠心欺骗一个无知的穷孩子,究竟叫我们做何感想呢?原来这是他养成的一种坏习惯。他什么人都想取悦,可又什么能耐都没有,结果只能是叫人干喜欢、空盼望了。如若不是这样的话,他倒是个通情达理的聪明人,也是个写文章的好手,还是个人民的好总督,虽然不是选举人和领主①们的好总督。对于他们的命令,他有时竟然置之脑后而不顾。我们的几项最优秀的法律,就是由他策划,在他任职期间通过的。

我和拉尔夫成了形影不离的伙伴。我们一同在小不列颠旅店下榻,房租是每周三先令六便士。那时,我们只能住得起这样的客房。他找到了几个亲友,不过也很穷,无力给他帮忙。到了那会儿他才告诉我,他打算在伦敦住下去,再也不想回费城去了。他身上一文不名,所筹措到的钱都用作路费花得精光。我还有十五个西班牙金币,于是他不时向我借贷来维持生计,一面到处寻找工作。开头,他努力想进剧院,以为自己有当演员的天赋。他想从威尔克斯②那里讨一份差使,后者却坦率陈言,劝他不要心存这种念头,找这样的工作,他是不可能成功的。继而,

---

① 领主,指美国独立前,英王特许独占某块殖民地的人士。
② 约翰·威尔克斯(?—1732年),伦敦演员。扮演过哈姆雷特和李尔王,但擅长喜剧。

向佩特诺斯特街一个出版商罗伯茨建议,为他写一些类似于《旁观者》上刊登的那种每周评论,但有附带条件,罗伯茨也没有同意。最后,又极力谋个代人捉笔的差使,替文具商或法学堂律师抄写文书,但都没有找到空缺。

我呢,我很快在撒谬尔·帕尔默①的印刷所找到了工作,印刷所在巴塞罗谬巷很有名望。我在那里干了将近一年。虽说干活十分勤勉,但所挣来的大部分钱,都和拉尔夫用来看戏,或者进行别的公共娱乐了。我们几乎花光了全部的金币,用度到了勉强糊口的地步。他仿佛完全忘记了妻子和孩子,我也渐渐把和里德小姐的誓言丢在脑后,只给她写过一封信,告诉她我可能一时回不去。这是我一生中的又一个大错。假使我能够重新生活,我一定加以纠正。然而事实上是,由于我们的开销,我一直无法筹措到盘缠。

在帕尔默印刷所,我的工作是排印沃拉斯顿《自然宗教》的第二版。在我看来,书中某些论证根据不太充分,便写了一篇哲理文章进行评论。文章是献给拉尔夫的,题名为《论自由与必然,快乐与痛苦》。我印了很少几册,却使帕尔默先生大大看重

---

① 撒谬尔·帕尔默(死于1732年),伦敦印刷商,曾出版发行《格鲁伯街日报》,死前又出版了其未完成的著作《印刷通史》。

我，认为我是个颇有才华的青年，虽然他觉得文章中的观点令人不快，并严肃地就那些观点提出了忠告。印行这本小册子，又是我的另一个错误。我寄身小不列颠旅店期间，还结识了一个书商威尔考克斯。他的书店就在旅店隔壁，店里搜罗的旧书为数很多。当时还没有流通图书馆，但我们还是商定，只要遵守某些合理的条件——这些条件我现在想不起来了——他的所有图书我都可以借阅。这样一来，我觉得对自己非常有利，便尽量加以利用。

不知怎么回事，我那本小册子落到了一个名叫莱昂斯的外科医生手里。他是《人类判断力的可靠性》的作者。靠着这本书我们相互认识了。他十分器重我，经常找我讨论这类问题，还带我到便宜巷豪恩斯淡啤酒店，把我介绍给《蜜蜂的寓言》的作者曼德维尔博士。他在那里成立了一个俱乐部，由于跟他人在一起时，幽默而滑稽，所以成了俱乐部的灵魂。莱昂斯又在伯特逊咖啡店，把我介绍给番波顿博士。后者答应我，找个合适的机会，让我晤见艾萨克·牛顿[①]爵士。我自然极想有这么一个机会，但却永远未能实现。

[①] 艾萨克·牛顿（1643—1727年），英国大物理学家、数学家和天文学家，万有引力定律的提出者。

我随身从美洲带来几件古董,其中最值钱的是一个石棉钱包,是用火炼制过的。汉斯·斯洛恩[①]爵士听说后,前来看我,邀我去他在布鲁姆兹伯里广场的住所。观摩了他的所有古玩后,他劝我把钱包交由他收藏。为此,还支付了一笔相当可观的款项。

在我们住的房子里,还有一个经销女帽的年轻妇女,听说在修道院街开着一家商店。她聪明活泼,颇有教养,与人交谈极有风趣。拉尔夫常常晚上给她朗读剧本,两人关系因此逐渐亲密起来。后来,她搬到了另外一处房子里,拉尔夫随之搬走,和她同居了一段时间。但是,拉尔夫由于还没事由,她的进项又不足以维持两人和一个孩子的生活,所以拉尔夫决定离开伦敦,想到乡下学校教书。他觉得,自己写得一手好字,又擅长算术和会计,完全能够胜任乡村教师这一职业。不过,又觉得做这种工作有失自己的身份,同时深信未来能交上好运。果然到了那一天,他就不愿意让人们知道,自己曾经干过这样卑微的营生了。于是他更名换姓,采用了我的姓氏,这叫我感到荣耀。不久,我接到他的来信,说他在一个小村子里安顿了下来(我想可能是在伯克郡,

---

[①] 汉斯·斯洛恩(1660—1753年),物理学家、植物学家和古董收藏家。曾任英国皇家学会秘书,1727年接替牛顿出任皇家学会主席。

他大约教十个到十二个孩子识字和算术,每人每周交纳学费六便士),请我代为照料T夫人,希望我给他写信,就写该地小学老师富兰克林先生收即可。

他不断给我写信。那时,他正在创作一首史诗,就把其中一些很长的片段寄给我,请我批评指正。我也间或给他回信,但总是想方设法劝阻他不必再写。正好当时恰巧出版了杨①的一首讽刺诗,我给他抄写了大部分,因为那首诗显然在说明,追逐诗神缪斯是十分愚蠢的。但一切都无济于事,每班邮差都会带来他的诗作。与此同时,T夫人由于拉尔夫的原因,失去了不少朋友和客户,生活拮据,常常把我叫过去,求我尽可能借些钱帮她渡过难关。我渐渐喜欢跟她在一起做伴,我没有宗教戒律的约束,又对她的生活举足轻重,便利用这一点想对她非礼(这又是我的一个错误)。她以适度的憎恨拒绝了我,又写信给拉尔夫,把我的行为告诉了他。于是,我们两人之间的关系破裂。他回到伦敦时对我说,他欠我的一切恩情都一笔勾销。我由此推想,我借给他的钱或者替他预付的款项,也不用指望归还了。不过,这并无关紧要,因为他完全没有能力偿还债务。失去了他的友谊,我倒觉

---

① 爱德华·杨(1683—1765年),英国作家和诗人。这里所指的是总题为《普遍激情》系列讽刺诗(1725—1728年)。

得自己如释重负，当时转而开始考虑谋个好一点儿的差使，事先多挣些钱。我离开帕尔默印刷所，来到了瓦茨印刷所工作。这是一家规模更大的印刷所，位于林肯客栈广场。在那里，我一直干到自己离开伦敦。

我刚刚受聘到这家印刷所时，由于觉得自己缺少在美洲大陆习惯了的那种体力锻炼，所以选择在印刷机车间作业。但在美洲，印刷和排字是合在一起的。我只喝白水，其他五十来个工人，喝啤酒的酒量却都很大。偶尔，我能一手托着一副大铅字盘上下楼梯，别的人却只能两手拿一副。他们看到这里，再加看到另外几次情景，感到十分惊讶：一个他们所谓的"喝白水的美洲人"，竟然比他们"喝烈性啤酒的人"还要强壮！有个酒保总待在所里，给工人们倒酒。我在印刷车间有个搭档，每天早晨要喝一品脱啤酒，早饭时就着面包和奶酪喝一品脱，上午再喝一品脱，午饭时再喝一品脱，下午大约六点钟光景，还要喝上一品脱，最后下班时再来一品脱。我认为这是一种令人讨厌的恶习。可他觉得，喝"有劲"的啤酒，可以使他"有劲"干活。我努力使他相信，啤酒给身体带来的力量，与酿造啤酒时溶解在水里的谷物和大麦粉成正比，价值一便士的面包，比一夸脱啤酒所含的面粉更多。因此，假如他就着一品脱白水吃下面包，所产生的体力，就比一夸脱啤酒还要大。然而，他还是不断地喝啤酒，每到礼拜六晚上，都因为灌了那些黄汤，还得从薪水当中扣除四五先令。我没有这笔开支，而那些可怜虫总是钱不够花的。

几个礼拜后，瓦茨想调我去排字车间干活，我告别了那些印刷工。可是，排字工却要我这个新来的人，出五个先令请他们吃酒。我在印刷车间已经付了这笔钱，所以觉得这是要挟。师傅也持这种看法，不许我拿出钱来。我虽然坚持了两三个礼拜，但到头来却被拒之他们的圈子之外，还遭到许许多多不大的暗算。只要我离开车间，我的铅字就给混在一起，排好的版就被颠倒过来或者给弄坏了等，不一而足。说这一切都应归咎于印刷所里有鬼怪出没的缘故：谁要是没有正式得到接纳，就会叫鬼魂附身。结果，尽管有师傅保护，我还是觉得不得不应允拿出这笔钱来。我深深相信，同经常跟你在一起的人不睦，是非常愚蠢的。

我总算跟他们得以平等相处了，而且很快在他们当中产生了相当的影响。我对他们的印刷所法规，提出了一些合理的修改建议，而且，不管他们怎样反对，还是付诸实施了。由于我的榜样，他们有不少人放弃了啤酒加面包、奶酪那种杂拌式的早饭，发现跟我在一起，就可以让附近的饭馆供应一碗热粥，上面撒着胡椒面和面包屑，还有一点黄油，这只需花一个半便士，也就是一品脱啤酒的钱。这样的早饭吃起来又舒服又省钱,还能保持头脑清醒。仍然整天嗜酒如命的那些家伙,常常由于欠酒店的钱不还,而赊不到酒,便经常要挟我去买酒。按他们的说法,他们脸上的"光彩",已经"熄灭"了。礼拜六晚上发了薪,就得替他们支付酒钱,他们的账单有时候竟达三十个先令之多。由于这个缘故,加上他们认为我还是个相当不赖的"主儿",意思是说,我语言诙谐,爱挖苦人,我在他们中间可说举足轻重。我从不缺勤,连礼拜一也不懒懒散散①,师傅对我非常赞赏。我排字速度又极快,因此经常指派我干急活,薪水也高一些。可以说,我现在是一切顺利。

由于我下榻的小不列颠旅店路途太远,就在公爵大街天主教堂对付。后又找了一个住处。就在一个意大利仓库上面的背阴处,要爬两排楼梯。房东是个老寡妇,她有一个女儿,雇了一个女仆,另外还雇着一个管理仓库的伙计,在外边租房子住。她先派人到我原来住处去打听我的品性,之后才同意把房子租给我,租金不变,每周三先令六便士。正像她说的,房租非常便宜,因为她希望有个男人住着,也好有个照应。那寡妇年纪不小了,父

---

① 这里意思是说,人们过完周末,礼拜一上班时,往往十分懒散。而富兰克林却并不这样。

亲充任牧师,从小把她培养成了新教徒,可是,后来由于丈夫的缘故,皈依了天主教。她怀念起丈夫,敬畏之情便油然而生。她与身份显豁的人们常常相互来往,知道的有关他们的轶事何止万千,可以一直追溯到查理二世①时代。她膝盖患着痛风症,走起路来有些跛脚,所以很少离开房间到外面走动,也需要有人来陪伴她。对我来说,跟她在一起可说乐趣无穷,只要她愿意,我总乐得陪她待一个晚上。晚饭只是每人半条凤尾鱼,一小块面包和黄油,两人再喝上一品脱淡啤酒,不过,乐趣却来自她的谈话。我非常遵守时间,不愿意给她家里添麻烦。这使她不愿意叫我搬走。后来我告诉她,我想积攒点钱,而听说附近还有离印刷所更近的住处,房租有所不同,每周只收两个先令时,她要我不去考虑,她以后可以每周少收我两个先令。因此,我逗留伦敦期间,一直每周只付一先令六便士住在她那里。

她房子上的顶楼上,还住着一个平时深居简出的老处女,年纪在七十岁左右。关于这个老妇人,房东太太是这样讲的:她是个罗马天主教徒,年轻时想做修女,被派到国外住在女修道院里,但由于不适应国外生活,又回到了英格兰。然而,在英国没

---

① 查理二世(1630—1685年),英格兰、苏格兰和爱尔兰国王(1660—1685年),统治于复辟时期,即贸易和殖民地扩张时期。

有女修道院，她便发誓，在这种情况下，尽可能过一种接近修女的生活。于是，她把自己所有的财产都捐给了慈善机关，每年只留下十二英镑的日常用度。可就是这一笔钱，她也捐出一部分施舍给别人，自己只以稀粥糊口，而且除了煮粥，绝不生火。她在顶楼上已经住了许多年，楼下不断有天主教房客，他们让她免费住房。每天都有一个神父来听她忏悔。"这一点，我还问过她，"房东太太说。"她这样生活，怎么能有这么多事情忏悔呢？""哦，"她说，"要没有'俗念'，是做不到的呀。"有一回，我得到许可前去看望老处女，她高兴而有礼貌，谈话非常令人愉快，房间里也收拾得相当干净。可是除了一张床垫、一张桌子，以及一把让我坐下的凳子，别无他物。桌子上放着一个十字架和一本书，烟囱旁边挂着用她手帕做的圣沃洛妮卡面纱[①]，上面画着脸上流着鲜血的、不可思议的基督肖像。她煞有介事地给我解释了其中的寓意。她脸色苍白，但从来不生病。这使我把它当作了另外一个证明：微薄的收入就能维持一个人的生命和健康。

---

① 传说，耶稣前往十字架被绞死的路上，一个名叫沃洛妮卡的妇人，曾经用自己的面纱擦拭耶稣的面孔，故而上面印着耶稣面孔的痕迹。因而得名，现保存于罗马圣彼得大教堂。

在瓦茨印刷所，我还结识了一位十分聪明的青年，名字叫怀盖特。此人比起大多数印刷工来说，受过良好教育，颇有些富裕亲属。他拉丁文颇有造诣，还能讲法语，且热爱读书。我教他和他的一个朋友游泳，到河里去过两次，水性就很好了。他们介绍我认识了一些乡绅。我们由水路从切尔西赶去，参观学院和唐·萨尔泰罗的古董。回来的路上，怀盖特关于我会游泳的话激起了大家的好奇。于是，在大伙要求之下，我脱光衣服跳进河里，从切尔西附近，游到了布莱克弗莱亚，一路上还表演各种各样的花样，水上的和水下的都有。他们都觉得非常新奇，既惊讶又高兴。

我从童年就热爱这项运动，研究并练习过游泳家赛沃诺的种种动作和姿势，还加进了自己的动作，力求姿势舒缓、优美、实用。利用这个机会，我把这一切都表演给大伙看，赢得了他们的赞誉和钦羡。怀盖特很想成为一个游泳高手，因此，越来越和我亲密起来，同时我们又在学习同样的学问，关系就更是密切了。终于，他提出要我和他一起周游欧洲，靠着当印刷工来筹措旅途上的一应费用。我一度也有这样的打算，就跟我闲暇时相处的好朋友德恩罕姆说起了这件事，但他劝我不要去，说我应该考虑返回宾夕法尼亚去了。而那时候，他也正好有这样的打算。

我这里得说说这个好人的一个显著的特点。以前，他在布里斯托尔经商时，蚀本欠下了几笔债务，偿还其中一部分后，就回到美洲去。在那里，他兢兢业业从商，几年后积累下可观的财产后，跟我一起乘船返回英国。他邀请往日的债主吃饭，餐桌上他感谢他们对他的恩惠，订立了宽大的协定。那些债主原以为只是请饭，其余的事并没有抱什么奢望。不过，刚刚开始吃饭，每个人便都在盘子下面发现了一张银行支票，除了全额还清欠款外，还包括利息在内。

他那时候对我说，他想返回费城去，想把数量很大的一批货物运回去，在那边做生意。他提议我做他的职员，管理财务账目，抄写信函，再照料照料店面。说他将教我怎样处理簿记。又说，等我一旦熟悉了商务，就提升我的职务，派我押运一船面粉和面包前往西印度群岛。还要从其他人那里，为我取得有利可图的代办业务。假使我干得出色，就会为自己打下深厚的根基。这使我受宠若惊，因为我厌倦了伦敦，常常回忆起在宾夕法尼亚度过的那些欢乐岁月，所以也盼望着旧地重游。我立即表示同意，条件是每年宾夕法尼亚币五十镑，比我当时做排字工赚的钱确实少一些，但前景非常乐观。

当时，我心里想，这就算永远告别了印刷业务，去干谋到的新行当了。每天我跟着德恩罕姆先生，混在买卖人中间，忙于购买各式各样的商品，看着他们包装完毕，再去通知工人，让他们发货之类的事情。等到所有货物都运到船上，我这才有几天闲暇工夫。就这样，意外地有一天，有个了不起的人物派人来叫我，我只知道此人名叫威廉·温德罕姆爵士[①]，于是便前去拜访他。他不知通过什么途径听说，我能从切尔西游到布莱克弗莱亚，而且只用了几个钟头，就教会了怀盖特和另外一个青年游泳。他有两个儿子，准备动身外出旅行。他希望先让他们学会游泳；如果我愿意教他们的话，将以重金酬谢。不过，他们还没有来伦敦，而我又无法断定自己还能逗留多长时间，所以不能贸然答应。但这件事使我悟到：假如我留在英国，开办一所游泳学校的话，也许能赚到很大一笔钱财。这叫我感触良多，假使他早些提出这个建议，我很可能就不那么快返回美洲了。许多年后，我和你因为有要事，去找过威廉·温德罕姆爵士的一个儿子。那时，爵士已晋升为艾格蒙伯爵。这以后我还要在适当的地方交代。

这样，我在伦敦住了约莫一年半的样子。其间我大半时间都用来拼命干好自己的印刷行当；除了看戏和买书，我自己的开销

[①] 威廉·温德罕姆爵士（1687—1740年），英国知名政治人物，具有雅各宾派倾向的托利党人。

很小很小。只是我的朋友拉尔夫的缘故，才弄得我穷愁潦倒。他欠我大约二十七镑钱，如今已无望收回。这在我微薄的进项当中，可是一大笔金钱！尽管如此，我还是喜欢他，他生性有不少可爱的地方。虽然我根本没有改善自己的命运，却丰富了自己的知识。同时，也结交了一些非常聪慧的朋友，他们的谈吐使我受益匪浅。另外，我还阅读了大量的书籍。

第四章

一七二六年七月二十三日,我们从格雷夫森德启航。旅途中发生的事情,你可以参阅我的日记,所有的事件都能在里面找到详细记载。其中最重要的部分,也许就是你所看到的指导我一生的行动"计划"。那是我在海上航行时制订的。更不同寻常的是,虽说是在我年轻时代筹划的,然而一直到了老年,我还在忠实地遵循着它。

十月十一日,我们在费城上岸,看到那里发生了种种的变化。凯思不再担任总督,由戈登少校接替了他的职务。我看见凯思完全像个普通市民,在大街上溜达。他见了我似乎有点不好意思,一声不响地从我身边走过去。我见到里德小姐的时候,本来也应该同样尴尬的。不过,她接到我的信后,亲朋好友们非常失望,认为我不可能回来了,都劝她另觅终身伴侣。于是她在我逗留英国期间，跟一个叫罗杰斯的制陶工成就了姻缘。然而，她同他一起生活，却从来没有得到过幸福，很快就跟他分手，拒不和他共同居住，也不再使用他的姓氏，而据说，那时他也已另娶家室。罗杰斯是个毫无可取之处的人，虽说是个极为出色的工匠。她的亲友原来瞩目于他的，就是这一点。可后来他债台高筑，于一七二七年或者一七二八年逃之夭夭，跑到西印度群岛，客死在了那里。凯思买了一座较好的住房，又开了一家文具店，货源充足，有许多新式文具，还雇用了几个人手，虽没有一个精明强干，但看上去生意倒也十分红火。

德恩罕姆先生在清水大街开了店铺，由我们两人把商品一一陈列出来。我精心照料生意，学习账目簿记，不久就成了推销商品的老手。我们俩一起起伙、住宿，他对我抱着殷切期望，犹如父亲般耳提面命，我对他也是尊敬爱戴。本来，我们可以这样快活地相处下去。然而，在一七二七年二月初，我刚刚过了二十一岁时，我们俩双双病倒了。我患的是胸膜炎，差点一命呜呼。病痛折磨得我非常厉害，几乎放弃了求生的想法，而当我发现自己好转的时候，又有些遗憾，觉得过不了多长时间，还得再去干那些了无情趣的工作。德恩罕姆先生得的什么病，我记不清楚了。病魔折磨了他很长时间，最终还是撒手人寰。临终，他在口头遗嘱里留给我一小笔遗产,表示他对我的友善。我又一次给抛进了茫茫人海,店铺被遗嘱执行人接管过去。我在他手下的职业也因此告一段落。

那时,我姐夫霍尔姆斯正在费城。他劝我重操旧业,凯莫则以丰厚的年薪,说服我去管理他的印刷所。这样,他就可以更好地经营自己的文具店。我待在伦敦时,就听他妻子和她朋友说过,他人品不端,不愿意再跟他有什么瓜葛。我希望在一家商号谋个秘书职位,不过由于没有找到这样的差使,最后还得到凯莫那里去任职。在他印刷所里,我见到了这样几个人手:休·梅瑞迪斯,威尔士籍宾夕法尼亚人,三十岁,从小务农。他为人诚实、聪敏,阅历颇深,喜欢读书,但却嗜酒成瘾。史蒂芬·波茨,一个成年的乡下人,也从小务农,聪明而幽默,却有点闲散懒惰。凯莫和他们两个人约定的每周薪水极为低廉,不过,随着业务的改善,视其所值,每隔三个月增加一个先令。凯莫就是凭借以后加薪的期盼,吸引住了他们。梅瑞迪斯干印刷,波茨则干装订。按规定,应该由凯莫来教会他们技术,虽然他对于这两种活计都一无所知。约翰,是个粗野的爱尔兰人,什么手艺都没有学过。是凯莫从一个船长手里购买了他,替自己干四年的活儿,也打算叫他干印刷工。另外,他最近还买下了一个牛津学生的四年时间，此人叫乔治·韦布，准备叫他学习排字。还有一个乡下孩子大卫·哈里，是他雇来当学徒的。

不久，我就弄明白了，凯莫一反常态给我这样高薪的用意，是想通过我来调教这些廉价的生手。一旦我教会了他们，他就是没有我也能运转下去了，因为那些人和他已经有约在身。尽管这样，我还是愉快地去了，把他那混乱不堪的印刷所，整顿得井然有序，又逐渐管教得伙计们精心于业务，活儿也干得比以前有了起色。

一个在牛津读书的学生，竟然沦落到卖身佣工的地步，说来的确是一件奇怪的事情。年纪还不到十八岁的韦布，是这样给我讲述自己经历的：他出生于格洛斯特，在一家语法学校念过书。在学校演戏的时候，他由于自己扮演的角色具有某些明显的优点，所以在同学当中声名鹊起。他还是"智慧俱乐部"的成员，写过几篇文章和短诗，发表在格洛斯特的报纸上，因此被送到牛津大学，在那里学习了一年。但他并不满足，一心一意希望到伦敦去当演员。后来，他拿到了一个季度的助学金，共计十五畿尼[①]。然而，他并没有用那笔钱来偿还欠债，而是离开牛津镇，

[①] 畿尼，英国旧制金币，等于二十一先令。1663年发行，1813年停止流通。

把校袍藏在荆豆地里，徒步去了伦敦。但他在那里举目无亲，没人指点，落到了不三不四人的手里，很快就把钱挥霍一空，要想加入演员行列，丝毫没有办法。生活上也一贫如洗，连面包都吃不上，甚至还得典当衣服。他饿着肚子走在大街上，心里不知道怎么办才好。这时，一纸招募新兵的文告塞进了他的手里。说凡是愿意签约赴美洲服役者，将会立刻得到款待和奖赏。他马上跑去签订了契约，接着给人带到船上，漂洋过海来到美洲。没有给亲朋好友写过一封信，告诉他们自己现在的情况。他活泼机智，心地善良，人们乐意跟他相处，只是极端轻率懒散，缺乏深谋远虑。

不久，那个叫约翰的爱尔兰人就逃之夭夭，我和剩下的几个人一起生活，倒也十分愉快。因为他们发现，凯莫不能教给他们什么技术，便愈发敬重起我来。从我这里，他们天天都能学到一些东西。我和城里有聪明才智的人，结交得也越来越多。礼拜六因为是凯莫的安息日，我们从来不干活，所以我就有两天的时间用来读书。凯莫待我表面上非常客气，对我殷勤有加。因此，除了欠弗农的债务，我心情非常舒畅。而直到那时，我还不善理财，所以无力偿还那笔款项。幸好弗农十分善良，并没有逼我还债。

我们的印刷所常常需要补充铅字,而美洲又没有铸造铅字的作坊。我在伦敦时,亲眼见过詹姆士浇铸铅字,虽没有多么经心。于是,我设法做了一个铸模,用已有的铅字当作样子,在字模里冲压出了铅字,相当不错地解决了种种不足。有时,我还刻制一些东西,还制造油墨,管理仓库。总而言之,俨然一副总管的样子。

然而,尽管我出了很大力量,但由于别人技术的精进,都发现自己的重要作用在与日俱减。凯莫支付给我第二季度的薪水时对我说,他觉得我的薪水太高了,应该减薪才成。同时,他也渐渐对我不再那么客气,越来越摆出一副主人架势,常常吹毛求疵,找我的碴儿,仿佛随时都想跟我闹翻似的。尽管如此,我还是非常耐心地继续干活,心想这与他负债的处境不无关系。后来,一件微不足道的事情,终于使我们分道扬镳。事情是这样的:有一次,我听到了法院附近传来一声巨响,就把脑袋探出窗外,想看个究竟。这时,凯莫恰巧走在街上,抬头望见了我,便冲我大声喊叫起来,声色俱厉地要我少管闲事,还夹杂着一些责备的话语。这些话当着大庭广众说出来,使我越发恼怒。朝外眺望的邻里街坊,都亲眼看见了他是怎样对待我的。他说着走进印刷所,跟我吵起嘴来,双方言辞都有些过激。按照规定,他警告我一个季度后中止合同，还说他悔不该当初规定了这么长的期限。我对他说，他的后悔是多余的，我决意马上离开。于是，我拿起帽子出了门。在楼下我遇见了梅瑞迪斯，便叮嘱他照看我留下的东西，把它们送到我的住所去。

梅瑞迪斯晚上来到我的住处，跟我讨论了事态的发展。他对我已经产生了敬重之意，不愿看到我离开印刷所，而自己还留在那里。我那时冒出了返回故乡的想法，但他劝我不要回去。又提醒我说，凯莫到了资不抵债的地步，债主们心里开始感到了不安。他的文具店也经营得十分糟糕，常常为了拿到现金而赚不到钱，常常不入账就赊卖文具。因此，想必他会破产，这样我就能利用这个空缺机会。我申明自己没有钱时，他告诉我，他父亲非常看重我，从他跟他父亲的交谈中，他相信假如我肯跟他合伙，他父亲一定愿意投资帮助我开业。"我跟凯莫的合同，"他说，"春天就期满了。到那时，我们可以从伦敦购买印刷机和铅字。我知道自己不是个好工匠，但只要你愿意，开业时你出技术，我出设备，红利由你我两人平分。"

对我来说，这个提议十分合适，便表示了同意。他父亲那时正在城里，对此也表示赞同。他说，由于我对他儿子产生了这么大影响，让他短时间内戒了酒，就更加赞同了。他还希望，我们之间的关系会更加紧密,让他儿子彻底戒除酗酒的恶习。我开列了一张清单,交给他父亲,他父亲又把它交给了一个商人。于是,他父亲派人前往购买设备,但在购买来之前,我们必须保守秘密。与此同时,如果能够的话,我最好到别的印刷所找个活干。可是,由于找不到空缺,便闲散了几天。这时,凯莫有望承接到印行新泽西州纸币的业务,但需要那些只有我才能制作的雕版和各种字体的铅字。他担心布雷德福德会雇用我,抢走他的生意,就写了一封措辞委婉的信,说老朋友之间,不该因为突然间的几句气话就此分手,盼望我再回到他那里去。梅瑞迪斯劝我应允下来,这样在我日常指导下,他也好再有机会精进一下手艺。于是,我又回去了。这一次,我们的关系比前一段和谐了一些。新泽西州的业务弄到手后,我专门设计了一台铜版印刷机。这样的机器,在美洲还是第一架。又为纸币雕刻了一些花饰和格子图案。我们俩一同来到伯灵顿[1],由我一个人满意地完成了所有工序。凯莫从中赚到了很大一笔钱,所以他又维持了很长一段时间,没有破产。

在伯灵顿,我结识了州里许多举足轻重的人物。其中有几个

---

[1] 伯灵顿,位于新泽西州部特拉华河畔。富兰克林于1726年在此地印制出美洲殖民地第一批货币。

是州议会任命的一个委员会成员，管理印刷事务，同时负责钞票的印刷，保证其数量不超出法律规定。因此，他们总是轮流跟我们待在一起，进行监督，但一般总是带一两个朋友前来做伴。我读过不少书，修养比凯莫深厚，所以我想，这就是他们似乎更喜欢跟我交谈的缘故。他们邀我去他们家里，把我引见给他们的朋友，十分殷勤客气。另外，凯莫虽说是老板，却受到了冷落。其实，他这个人脾气十分古怪，于日常交往一窍不通，总爱对大家的一致看法进行粗鲁的反驳，而且穿着极为邋遢肮脏，狂热地相信一些宗教观点，还流露出少许流氓习气。

我们在那边待了将近三个月。仅仅到那个时候，我所结交的朋友当中就包括了这样一些人：艾伦法官、州议会秘书撒谬尔·巴斯蒂、艾萨克·皮尔森、约瑟夫·库柏，还有几个姓史密斯的州议会议员，以及测绘局长艾萨克·德考。后者是个狡狯而又有远见的老人，他对我说，他年轻的时候，起初给制砖工匠当过用小车推土的小工，成年后才学会了读书写字。他还给测绘员背过测量用的链子，是那个测绘员教给他测绘的。如今，他依靠勤奋挣下了殷实的家产。他说："我看得出来，你很快就能把那个人挤出生意圈，在费城飞黄腾达起来的。"那时，我在那里或者别的地方打算开业的想法，他一点都不知道。这些朋友后来对我帮助很大，正像我不时也为他们帮些忙一样。他们一生当中，全都十分看重我。

在叙述我在生意场上公开露面之前，最好让你了解一下，当时我对处世原则和道德信条所抱的心态。这样你就明白，这些看法对我未来生活中发生的事情的影响是多么深远了。父母在我幼年时代，就给我种下了宗教观念，用非国教信条把我虔诚地教养成人。然而，在我还不到十五岁的时候，由于读过一些驳斥这些观点的不同书籍，先后对它们产生了疑惑，也开始对"天启"观念本身怀疑起来。当时我手里弄到了几本反对"自然神论"的著作，据说，这些书就是在波义耳讲座上宣讲的布道词的主要内容。可是，那些布道词对我所产生的影响，却与作者的用意恰恰相反。因为，布道词里引用并对其进行反驳的自然神论论点，在我看来，比那些驳斥它们的论点似乎更加有力。简而言之，我很快就成了一个彻头彻尾的自然神论者。我的这些看法让别的一些人也误入了歧途，特别是柯林斯和拉尔夫。不过，这两个人后来对我都非常不公平，而且对他们自己的作为又都一点也不觉得愧疚。我想到凯思对我的所作所为（他也是一个自由思想者），以及我对弗农和里德小姐所做的事情，我开始感到这种教义虽然可能非常真实，但并非十分实用。一七二五年，我在伦敦印行的小

册子的题记,就引用了德莱顿①的几行诗:

> 凡存在着的,都是对的。
> 虽然半盲者看见链条的一部分,
> 只看见最近的一节,但他那两只眼睛,
> 却望不到是上苍才使得一切公平。

而且,从上帝的品格,从他那无量的智、善和力等方面,那本小册子得出了这样的结论:世上万物没有绝对错误者,善与恶之间的区分虚无缥缈,这样的事物根本不存在。这种观点,现在看来,并不像自己当初想象得那样聪明绝顶。我怀疑,在自己的论点里,是否像在形而上学推理中常见的一样,暗含着某种未被察觉的错误,影响了接下来的看法。

我渐渐相信,在人与人之间的交往中,求实、真挚和正直对于生活的完善至关重要。我下定决心,只要一息尚存,就要让这些品格付诸实施。在我日记当中,这些话至今仍然记录在案。的确,"天启"的观念,虽然于我不再那么重要,但还是抱着这

---

① 约翰·德莱顿(1631—1700年),英国诗人、剧作家。下面几行诗,引自他与纳撒尼尔·李合作的诗剧《俄狄浦斯》(1678年)第三幕第一场。

样的看法：统而观之，某些行为虽然就其本质来说并非因为"天启"的禁止就成为邪恶，或者因为"天启"的放行就成为善良；然而，可能的倒是：这些行为之所以被禁止，是因为它们本质上对我们不利；之所以得到放行，是因为它们本质上对我们有利。这种信念，凭借着上苍或者守护天使的眷顾，或者偶然有利的情况和形势，也或者是凭借着把所有这些因素结合起来，保佑了我，使我在度过青春危险期中，在自己和陌生人打交道时偶尔遇到的危险中，在远离父亲的看护和忠告之际，没有由于缺乏宗教约束，"随着自己的意去干"，犯下不讲道德或者有失公平的粗俗错误。而这，本来是很可能发生在我身上的。我之所以说"随着自己的意去干"，是因为在我上面提到的情形中，由于自己年轻无知和别人的不良行为，本身就包含着某种"必然性"。因此，我初涉世事就具备了较好的品格，而且恰当地估价并决心坚持了这样的品格。

　　回到费城没有多长时间，新的铅字由伦敦运到了。我们赶在凯莫听到消息之前跟他结清账目，征得他的认可，同他分了手。我们在市场街看到一座出租的房子，租了下来。虽说租金每年只需二十四镑，而且后来听说还曾经要过七十镑的租金，但还是想再减少一点房租。于是，我们邀来玻璃匠托马斯·戈德夫雷[①]一家合住，说好他们向我们交纳租金的相当一部分，同时还跟他们一起包伙。刚刚排开铅字，装好印刷机，我的相识乔治·豪斯就带给我们一个从农村来的人。他是在大街上碰到他的，当时他正在寻找印刷所。那时，我们所有现金都用来置办了各种各样不得不购买的物品。那个乡下人带来的五个先令，于是就成了我们的第一笔收入，而且来得这样及时。因此，它给我的快乐远远大于其后所赚的任何一个克朗[②]。也许正因如此，我内心对豪斯所产生的这种感激之情，才常常使我更加乐于帮助那些着手创业的青年。

不论在什么地方，都有心情悲观的人。他们总是预言什么什么即将毁灭的凶兆。费城就住着这样一个人——一个令人瞩目的人，此人上了年纪，外表看似聪明，说话十分严肃，名叫撒谬尔·米基。这位绅士我并不认识，有一天他在我门口拦住我，问我是否就是那个新近开了一家印刷所的年轻人。得到肯定答复后，他很替我感到遗憾，因为这是一项开销甚大的业务，这笔开支肯定要亏蚀殆尽。因为，费城是个正在走下坡路的地方，城里

---

① 托马斯·戈德夫雷（1704—1749年），英国自学成才的数学家和天文学家。
② 克朗，从前在英国使用且面值为五先令的银币。

一半的人已经破产或者即将破产。而一切相反的景象，诸如新修的大楼、房租的上升等，就他所知，均属谬误虚妄。实际上，都是毁灭我们的因素。接着，他就已经存在的或者即将发生的灾难，给我做了如此详细的叙述，使得我不由消沉起来。假使在开业之前，我就认识他，我可能永远不会从事印刷业了。然而，老人还生活在这个衰落的世界上，还以同样的口吻宣讲着。而且，许多年来，他拒不购买住房，因为一切的一切行将毁灭。终于，我很高兴地看到他最终购买了住房，而且价格高于他开始预言凶兆时的五倍。

第五章

本来我刚才应该提到，就在前一年的秋天，我召集起大多数天赋颇高的朋友们组成了一个俱乐部，取名"永图社"①，宗旨在于相互促进，共同提高。我们每个礼拜五晚上聚会。我还起草了社里的章程，要求每个成员轮流就道德、政治和自然科学提出一两个问题，供大家讨论；每隔三个月就所感兴趣的题目写一篇文章，在聚会上宣读；辩论应在社长指导下，以真诚、求实的精神，而不是斗嘴好胜的方式进行。过了一段时间后，为了防止情绪过激，又规定禁止一切表示肯定意见的措辞，以及一切针锋相对的论断，如有违反，则处以小额罚金。

俱乐部第一批成员有：

---

① 又译"共读社"。

约瑟夫·布伦特纳，公证人事务缮写员。此人性情温厚，是个和善的中年人，特别喜欢诗歌，无论遇到什么人都要朗读几首，自己也偶尔写诗，水平还相当不错。说话入情入理，好制作一些小玩意儿。

托马斯·戈德夫雷，自学成才的数学家。这一点，可说他相当的了不起。后来，又发明了如今称之为哈德利氏象限仪①的仪器。不过除了专业以外，他却知之甚少，跟人相处也不讨人喜欢。他像许多数学家那样，无论讲述什么事情都要求绝对正确，连细枝末节都要分个是非曲直，因而常常扰乱了讨论。不久，他就和我们分了手。

尼古拉斯·斯卡尔，土地测绘员，后来晋升为测绘局局长。热爱读书，有时也写几首诗。

威廉·帕森，学的是制鞋手艺，喜欢读书，还学了不少数学知识，目的在于研究星象学，但后又对星象学嗤之以鼻。再后来他也做到了测绘局局长的职位。

威廉·毛格里奇，是个细木工，但也是非常灵巧的机械师。做事踏实牢稳，为人通情达理。

---

① 哈德利氏象限仪，在当时是一种新型的航海仪器。1730年由托马斯·戈德夫雷（见第四章相关注释）发明。因此，他被吸收为皇家学会会员。

至于休·梅瑞迪斯、史蒂芬·波茨和乔治·韦布等人的品性，因前面已有交代，故这里略而不述。

此外，还有罗伯特·格雷斯，年轻绅士，家境殷实。他慷慨、诙谐，而又生气勃勃，讲起话来，善于一语双关，同时热爱自己的朋友。最后就是威廉·柯尔曼了。当时，他在一家商号当店员，年纪大约和我差不多，也是我遇到的几乎所有的人当中，心地最善良，品行最端正，头脑也最冷静清醒的人。后来，他成了令人瞩目的商人，还当上了州里的法官。我们的友谊长达四十余年，在他去世前一直没有中断过。而俱乐部所延续的岁月，也几乎与这段时间一样长。它是我们州里学习哲学、伦理和政治的最好学校。因为，我们探讨问题的文章，都要首先宣读一遍，然后再在下礼拜进行讨论。这样，我们阅读的时候，就会留意所涉及的几个课题，发言也因而更加有的放矢。同时，又培养了良好的讨论习惯。每个问题都按规则加以探究，以防止相互轻视对方。这也是俱乐部能够长久维持下去的原因。下面，我还有不少机会进一步提到它。

不过，我在这里写到俱乐部，是想说明自己所遇到的趣事：每个成员都竭诚为我们推荐业务。特别是布伦特纳，他就给我们招揽了一宗生意，给教友会印刷四十个印张的教友会历史，其余部分则由凯莫承印。这项工作由于报酬较低，我们进行得十分艰难。这是一种"爱国式"的对开本，使用十二磅活字印刷，还附有普艾默①铅字的注释。我每天排对折纸一整张，由梅瑞迪斯印刷，然后，为了第二天便于工作，再把版拆开。干完这些以后，往往到了夜里十一点钟，有时还要晚一点。因为朋友们还不时送来一些零星活计，推迟了我们的进度。但我决心很大，坚持每天排一整张对折纸。这样，有一天夜里，我排完了版，满以为一天的活计宣告结束，可是不巧弄坏了一个版面，其中有两页铅字还弄得颠倒错乱。我当时并没有上床就寝，而是立刻把版拆开来重新排字。这种勤奋精神，邻居们看在眼里，对我们产生了信任，也带来了荣誉。特别是还有人跟我讲过这样一件事：在商人的夜间俱乐部里提起新开张了一家印刷所时，大家普遍认为，既然城里有了凯莫和布雷德福德两家印刷所，新开的那一家势必倒闭无疑。然而，伯尔德博士（多年以后，我和你在他苏格兰故乡的圣安德鲁家里见过他）则抱着截然不同的看法。"在我的所见所闻中，"他说，"富兰克林的勤奋可以说是无与伦比。就在我从俱乐部回家时，还看见他在干活。可是，第二天早上，他的邻居

---

① 普艾默，一种铅字字体名。

还赖在被窝里的时候，他又在工作了。"这番话给其余的人留下了很深的印象。没过多久，他们中就有一个人提出，由我们替他经销文具用品。不过，那时我们还没有打算经营商业生意。

我这样特别无所顾忌地提到自己的勤勉，虽说好像自卖自夸，但凡是读到这一点的子孙，当他们看到我一生得益于此的时候，就能够明白这种品性的好处所在了。

乔治·韦布找了个女朋友，她借给他钱从凯莫那里赎了身。之后也来到我们这里，说愿意当个熟练工。当时，我们没有办法雇用他。然而，我却很不明智地向他透露了一个秘密，即我打算不久创办一份报纸，到时候就有工作给他了。我还对他说，我成功的希望基于这样的理由：当时只有布雷德福德印行的一份报纸，虽然管理不善，文章了无情趣，报纸也乏善可陈，但却叫他赚了钱。因此，我异想天开地认为，办份出色的报纸几乎没有不盈利的。我要求韦布不要向别人提起，然而他还是告诉了凯莫。凯莫立即抢在我前面，公布了自己办报的计划，并招聘了韦布。对此，我感到十分恼怒，但由于一时还没有能力创办报纸，就为了抵制他们，给布雷德福德的报纸写了几篇嬉笑怒骂的文章，题名为《好事者》。后来，又由布伦特纳接着撰写了数月之久。就是采用这种方法，使公众的注意力紧盯在了那份报纸上面。凯莫办报的计划，由于我们的讽刺和奚落，受到了冷落。不过，他还是办起了报纸，但只办了三个季度，而读者最多的时候，也只有区区九十多人。他只好把报纸拱手让给了我，要价少得微乎其微。而我由于准备就绪已经有些时日，所以即刻接手经办。在以后的几年里，报纸为我赢得了极大利润。

虽说仍然是合伙经营，但我觉得，在这里使用单数第一人称并没有不恰当的地方。事实上，全部业务的经营管理都集于我自己一身。梅瑞迪斯根本不会排字，印刷也不熟练，而且常常喝得醉醺醺的。我的朋友们为我和他有这层关系而感到惋惜。但我却需要尽量利用好这层关系。

最初，我们的几期报纸，字体优美，印刷精良，与州里以前所办的所有报纸迥然不同。当时，总督伯内特和马萨诸塞州议会之间正进行着一场辩论，我在文章里发表的某些评论观点，引起了这些要人的关注，经常议论这份报纸和它的发行人，不出几个礼拜，这些人就都成了我们的订户。

同时，还有许多人也起而效法他们的榜样，因而读者数目持续增长。这是我学会写点小文章初次获得的良好效益之一。另外一个效益是，那些领袖人物眼见到一个舞文弄墨的人如今手里能够控制着一家报纸，心里觉得对我施以恩惠，加以鼓励，就会带来便利。布雷德福德还在承印选票、法律文件和官方秘书等业务。他印制的州议会致总督的抗议书，错误百出，质量粗劣。而我们的重印件，既准确无误，又十分精美，而且每个议员赠送一份。这样，他们感悟到了两者的区别，就使议会里支持我们的朋友增加了说话的分量，于是经过投票，决定来年由我做印刷承办人。

在议会里的朋友中，令我不能忘记的是前面提到过的汉密尔顿先生。他从英国回来后，在议会里当了议员。他在这件事情上，让我大受裨益，以后在许多别的事情上也是这样。他一生对我的恩惠一直没有间断过。

可能就在这个时候，弗农先生提醒我拖欠他的那笔款项，但并没有催促我偿还的意思。我给他写了一封措辞巧妙的信，承认所欠债务，同时恳请他稍微宽限些时日，他应允下来。后来，我有了能力，就连本带息偿还给他，还向他表示了谢意。因此可以说，这个大错在某种程度上得到了纠正。

然而这时我又遇到了一件棘手的事情，是一件完全没有预料到的事情。梅瑞迪斯的父亲本来应该提供创办我们印刷所的资金，但那时只能提供一百镑现金，拿出这笔钱后，还欠那个商人一百镑。那个商人心急如焚，把我们一个一个都告上了法院。虽说我们缴了保释金，但心里明白，如果那笔款项无法按时筹措出来，案子不久就要宣判、执行。那样，印刷机和铅字就必然被卖出还债，也许只能以半价卖出，而我们所希望的前景也就必然和我们一起破灭。

危难关头，有两个真正的朋友分别前来解囊相助。他们两人既没有相互通气，我也没有求助于他们。所以，在我有生之年，永远不会忘记他们的仁慈心肠。他们分别提出，假如可行的话，愿意支付全部所需款项，使我能够自己经营全部业务。不过，他们不希望我继续和梅瑞迪斯合伙，说人们常常看到，梅瑞迪斯喝醉了酒在街上走动，还在酒馆里与人厮混胡闹，大大有损于我们的名誉。这两个朋友就是威廉·柯尔曼和罗伯特·格雷斯。我对他们说，由于我自认为受到过梅瑞迪斯父子施于我的不少恩惠，因此，只要他们有一线希望来履行在协议中所承担的义务，我就不能提出分手。假使他们还有力量，我就得跟他们进行合作。然而，一旦他们最终不能履行义务，必须解除我们的合伙关系的话，我才有权接受朋友的援助。

事情就这样搁置了一段时间。后来我跟合伙人说："你父亲对你在我们生意中的地位，也许感到不太满意，不愿意替你我支付那笔款项，而宁愿为你自己支付。果然如此的话，也请你直言相告，我愿意把全部生意转让给你，我也好再去经办自己的业务。""不是这样的，"他说。"我父亲的确感到失望，但也确实没有力量支付这笔款子。再说，我也不想给他增添烦恼了。我终于明白了，我自己干这个行当并不合适。我从小干的是农活，而三十岁头上到城里来当学徒，再学习一种新手艺，可真是干了一件蠢事。如今，我们从威尔士来的人中，已经有不少在北卡莱罗纳安顿下来。那里的地价十分低廉，所以我打算和他们一块去，重新从事原来的行当。你也可以找找朋友来帮助你。假如你能承担印刷所的债务，归还我父亲垫付的那一百镑钱，替我还清我个人那些不多的零星欠款，给我一百镑钱，再给我买一副新的马鞍，我就放弃合伙的生意，印刷所全部归到你的名下。"我接受了这个提议，并立即起草了书面协议，签好字、盖了章。我给了他所要求的钱物，他很快去了卡莱罗纳。第二年，他从那里给我写了两封长信，信里详细讲述了那里的农村生活，以及那里的气候、土壤和农事之类的情况。因为他对这些事情很有见地，我把两封信在报纸上刊登了出来，公众读了非常满意。

梅瑞迪斯刚一离开，我即刻重新向那两位朋友求助。在他们愿意提供的金额中，我向其中一位拆借了一半，向另一位也拆借了一半，以表示对他们两人都十分友好，并没有什么偏向。接着，偿还了印刷所的欠债，用自己的名义继续经营业务，同时刊登广告，说明我们的合伙经营已经宣告解散。记得那是一七二九年，或者那年前后的事情。

可能也是在那个时候，人们呼吁发行更多的纸币。当时州里流通的纸币只有一万五千磅，而且还在减少。但不赞成使用纸币的富裕人士反对增加货币，担心这样一来会引发货币贬值，就像在新英格兰发生的情况那样，从而损害所有债权人的权益。我们在"永图社"中对这一问题进行了讨论。我站在增加货币的一方，坚信一七二三年首次发行的数额不大的纸币，产生过很大效益，使州里的贸易繁荣，就业和居民人数均有增加。现在，我就能亲眼见到，所有的旧房都住得满满的，许多新的住房也正在修建之中。我还记得非常清楚，我当初嘴里吃着面包圈，在费城大街上溜达的时候，在第二街和前街之间的胡桃街上，有许多房门上贴着"出租"的招贴。板栗街，还有许多别的街道上，也有不少房屋出租。这种情况使我竟然认为，居民正在一个接一个地抛弃这个城市。

我们的辩论使我对这一问题完全入了迷，于是匿名撰写、印发了一本小册子，题目是《论纸币的性质和必要》。一般的普通老百姓十分欢迎这本小册子，然而，富人却不喜欢，认为它增加并壮大了对于纸币的呼吁，可他们偏偏又找不到人写文章进行驳斥，所以反对之声渐次沉寂下去，议会中大多数议员支持了这一观点。我在议会里的朋友，觉得我在其中发挥了某些作用，应该让我承印纸币，以示褒奖。这是一笔利润丰厚的业务，对我具有很大助益。同时，能够写一手好文章，也是另外的一个优势。

这种货币的效用，随着时间的推移和经验的积累，已经显而易见。其后，发行纸币这些原则所赖以形成的观点，从来没有遇到过置疑。从此，纸币数量不久增加到五万五千镑，一七三九年又增加到八万镑，与此同时，商业贸易、建筑业以及居民人数一直都在增加。当然，我现在已经认识到，纸币的发行量也应有个限度，超过限度就会产生危害。

不久以后，我通过朋友汉密尔顿，又让我承接了印制纽卡斯尔[①]纸币的业务。当时以为，这又是一项利润丰厚的生意：没有见过大世面的人，往往把蝇头小利看得至关重要。不过，这些生意大大增强了我的信心，所以确实给我带来了很大好处。后来，让我承接州政府法律文件和选票印刷业务的，还是汉密尔顿先生。而且，这桩生意在我经营印刷这一行期间，一直由我亲手

---

① 纽卡斯尔，美国宾夕法尼亚州西部城市，位于匹兹堡市西北方向偏北一带。

承接。

那时,我开了一家小文具店,经销各种各样的空白格式公文用纸。那些空白表格是当地最准确、精致的那种,由我的朋友布伦特纳协助完成。我还出售纸张、羊皮纸和账簿之类。有个叫怀特马什的排字工,是我在伦敦认识的,也来到了我的印刷所工作。他是个出色的工匠,一直不断地跟我一起勤奋干活。另外,我还收了个学徒,就是阿奎拉·罗斯的儿子。

现在,我逐渐着手偿还开办印刷所欠下的债务了。为了赢得一个商人的信誉和品格,我小心翼翼注意,不仅在事实上勤勉、节俭,还注意不能在外表上给人们留下相反印象。我衣着朴素,不去那些百无聊赖的娱乐场所,人们在那些地方从来见不到我的身影。也不出去钓鱼或者打猎,只是读书却有时会影响我的工作。不过这种情况很少出现,也无人发觉,所以并没有引起非议。为了表明自己从事生意是脚踏实地的,我有时把从商店里购进的纸张,用手推车运回家。我就这样受到了尊重,认为我买货付款,从不拖欠,是个勤勤恳恳、事业兴旺的年轻人。那些进口文具的商人都喜欢我前去光顾,还有的商人愿意为我供应书籍。所以,我的事业十分繁荣发达。但与此同时,凯莫的信誉和业务却日渐衰落,最终被迫盘出了印刷所,来偿还债权人的债务。之后，他去了巴巴多斯群岛，在那里穷困潦倒，混了几年。

凯莫的学徒大卫·哈里，原来我教过他的，这时买进了凯莫的设备材料，也在费城办起了印刷业务。起初，我十分担心哈里可能成为我的强大对手。因为他的朋友们非常能干，说出话来又都有分量。所以，我向他提出合伙经营，所幸的是，他态度十分轻蔑，遭到了他的拒绝。他这个人一身绅士派头打扮，虽然心性高傲，但又经常在外面寻欢作乐，生活糜烂且不务正业，结果生意萧条，债台高筑。眼看着无事可做，也学着凯莫的样去了巴巴多斯群岛，捎带把印刷所也搬了过去。在那里，这个学徒雇用了以前的老板给自己打工，因此两人动辄口角吵架。然而，哈里仍然时运不济，到后来不得不变卖了铅字设备等，回到宾夕法尼亚去务农。购买了他印刷所设备的那个人，继续雇用凯莫，但没有几年，凯莫就去世了。

那时，在费城除了老布雷德福德以外，再没有别的印刷所跟我竞争。但布雷德福德已经发财致富，生活从容安逸，只是找些零工，承接少量业务，心里不大计较生意。不过他还开办了一个邮局，所以人们认为他的消息来源比较广泛，在他的报纸上刊登广告，比我的报纸辐射面大，因而他刊登的广告比我多得多。这于他是财源广进，于我却非常不利。虽然我的报纸确实也是通过邮局发送的,但舆论的看法却不然。由于布雷德福德对我很不友好,禁止邮差发送我的报纸,我是贿赂了邮差后,让他们偷偷发送报纸的。这时时引起我的愤怒,认为这种做法非常卑鄙。后来,我熬到他的地位时,就格外小心,永远不去模仿他的做法。

一直到那个时候,我还是和戈德夫雷一起包伙。他跟妻子、孩子住了我那所房子的一部分,还在印刷所旁边开了个玻璃铺,但由于总是沉湎于数学,他生意做得很少。这时,戈德夫雷太太筹划着给我和她亲戚的女儿说媒,找了各种机会让我们见面。后来由于姑娘本身确实讨人喜欢,我正式向她提出求婚。她的家人们为了玉成此事,也不断请我吃饭,尽量让我们两人单独待在一起,这样终于到了明确关系的时候。戈德夫雷太太设法让我们就结婚条件达成协议。我对她说,我希望他们的女儿带一笔陪嫁,来偿还印刷所遗留下来的债务。当时,我估计这笔欠款不会超过一百镑。但戈德夫雷太太带回话来说,他们拿不出这笔钱。我说,他们可以把房产抵押给当铺,来获得这笔款项。几天后,对此的答复是,他们不同意这门亲事。他们打听过布雷德福德,知道印刷这个行当并没有什么利润:铅字磨损很快,需要不断补充添置,凯莫和大卫·哈里一个接一个破了产,我可能不久也会随着他们倒闭。因此,他们就不准我再进他们的门,女儿也给关了起来。

是他们真正改变了想法，还只是他们策划的一个骗术，料想我们之间已经如胶似漆，到了无法分开的地步，因此会偷偷结婚，这样到底给不给陪嫁，就由着他们的意思了。究竟是怎么回事，我不得而知。不过我怀疑这件事的动机，心里十分恼火，于是跟他们断绝了来往。后来戈德夫雷太太带回话来，说他们有意提出对我更有利的条件，也就是想再一次让我上钩。然而，我斩钉截铁地说，自己已经决心跟那家人断绝关系。这又使戈德夫雷夫妇十分恼怒，由于我们的看法不同，于是他们搬了家，把我一个人留在了那座房子里，正好我也决定不再招揽新的住户。

不过经过这场风波，我却考虑起自己的婚姻大事来，便十分留意周围的人，还利用其他场合主动跟人结识。但很快就发现，印刷业既然在一般人眼里赚不到什么钱，那也就盼不来陪嫁丰厚的妻子，除非是陪嫁丰厚，长相却不中意的妻子。在这期间，我作为老邻居一直与里德小姐一家互通信函，从我第一天寄住在她们家起，她们就十分尊重我。我经常应邀到她们家做客，替她们家的事情出出主意，有时也能为她们尽些力量。我同情可怜的里德小姐的不幸遭遇，她总是郁郁寡欢，不愿意跟人们待在一起。我觉得，自己在伦敦期间的轻浮和反复无常，在很大程度上是她痛苦的根源，虽说她母亲非常善良，认为她自己的错处比我的错处还大。因为，在我赴英国之前，她阻止过我们结婚，又趁我没有回来，替她撮合了另外的亲事。不久，我们之间的相互爱慕又重新萌发出来，然而我们的结合却受到了不少反对：虽然听说罗杰斯在英国的前妻仍然活着，里德小姐和他的婚姻已确实被认定无效，但远隔重洋，难以证实；虽然听说罗杰斯已经去世，但也无法确定。再说，即便罗杰斯当真死了，他遗留下的不少债务，也许还得要求他的继承人偿还。然而，面对这一切困难，我还是在一七三〇年九月一日娶她为妻。我们担心过的那些麻烦，一桩也没有出现。她帮我料理店铺事务，成了我忠实的贤良内助。我们的共同事业兴旺发达，两人各自努力使对方幸福。这样，我就尽自己的所能，纠正了那桩大错。

与此同时，俱乐部不再在酒馆里聚会，而是迁到了格雷斯先生住宅的一间小屋里去。这是他专门为了聚会所提供的。我提出了一个建议：既然讨论专题论文时，常常要参考我们的图书，如果把它们全部汇集在一起，放在我们聚会的地方，需要时可以随时查证，这对于我们也许不无方便。这样把图书凑起来，就成了一个公共图书馆。只要我们愿意把书集中在一起，每个人就都有机会查阅所有会员的书籍，就仿佛每个人拥有全部书籍一样便利。这个建议得到了拥护和赞成，于是就把能够贡献出来的书籍全都摆在了房间的一角。但数量并没有原先预料的那么多。虽然这些图书用处很大，但由于管理不善，也产生了一些问题。一年后，集中起来的那些书，又物归原主，由各人带回家去。

接着，我开始了自己的第一个带有公益性质的计划——建立一座会员收费制图书馆。我起草了提案，由大公证人布洛克登审查并形成章程。多亏"永图社"朋友们的帮忙，开头我们有五十个人人会，每人先交四十先令，然后每年再交十先令，以五十年为限。因为预计我们的俱乐部能够存在这么长时间。后来，我们弄到了特许证，会员增加到了一百人。这就是北美洲会员制图书馆的起源，现在这样的图书馆，已经为数众多。开办图书馆本身就非常了不起，而且如今其数量还在不断增加。在美洲，这些图书馆提高了人们谈话内容的水平，使普普通通的商人和农民变得像别的国家的绅士一样聪明智慧，对于各个殖民地维护自己权利立场的形成，做出了一定贡献。

第六章

　　前一章是富兰克林博士在特怀福德郡动笔写的那部分自传的结尾。后来，他在闲暇之余，又不时继续写作，一直到美国独立战争为止。那时，作者从事的重大公共事业，迫使他把自传放到一边。而撰写第一部分时，也并非着眼于出版，充其量说，其主要目的还是给他儿子提供他的所见所闻。独立战争结束后，他受朋友恳请和敦促，才重新提笔续写。因此，与前些章节有所不同，在风格上的差异也非常明显。

　　建议富兰克林动手续写自传的信件，出自他的朋友艾贝尔·詹姆士①先生和本杰明·沃恩②先生的手笔。詹姆士先生和沃恩先生两人正好都读过富兰克林自传的前一部分,这也仿佛像是机缘凑巧似的。因为沃恩先生提到过"富兰克林亲笔写的那二十三页文字",是詹姆士先生"发现"的。这两位绅士都极力敦促富兰克林博士续写并发表他的回忆录。这并不是由于他人需要,而提出来的私人请求。富兰克林博士赴法兰西出任美国全权大使之际,曾拿出自传让几位朋友们看过,其中一个朋友还把它翻译成法文。富兰克林博士刚刚去世,这个法文译本就在巴黎出版了。不久以后,伦敦又发行了一个非常优秀的英文译本。这个版本还在国内重印过,虽然那时他的孙子已经出版了富兰克林自传的原文版。而这里印行的就是上面所说的原文版。自传的续编,作者题名为《个人生平记述(续)——一七八四年动笔于巴黎近郊帕西》。

---

① 艾贝尔·詹姆士(约1726—1790年),费城著名教友派商人,曾经与富兰克林一起倡导在宾夕法尼亚发展养蚕业。
② 本杰明·沃恩(1751—1835年),外交家、商人、农场经营者。生于牙买加,曾留学英国。他与富兰克林的友谊始于美国独立战争前。1779年,他第一个编辑出版了富兰克林的作品集。

收到上述信件已经有些时日，不过由于公务繁忙，直到现在仍然没有遵照信里提出的要求来做。另外，假如我是在家里，手头放着自己的文件笔记，帮助回忆往事，确定日期，那样就会写得更加令人满意。但既然这会儿有点闲暇，那就努力思索一番，尽量把能够回忆起来的事件笔录下来吧。倘若我生前还能返回家乡，届时再加以补正、润色不迟。

现在，手头由于没有已经写成的那部分稿子，在费城创办会员制图书馆的方式，是否已经讲述过，就不得而知了。这种图书馆开始规模很小，现在却蔚为壮观。但我记得在那部分稿子里，已经讲到将近开办图书馆的时期（即一七三〇年）。这样，就从创办这种图书馆讲起好了。如果已经讲述，从中删除即可。

我自己在宾夕法尼亚建基立业那时候，波士顿以南的各个殖民地，没有一家像样的书店。纽约和费城的印刷所实际上就是文具店，不过只经销纸张、历书、歌谣以及一些课本罢了。喜欢读书的人不得不从英国订购图书，"永图社"会员每人都有几本书，那时我们告别了最初聚会的酒馆，另租了一个房间聚会。于是我提议，大家把自己的图书放在那个房间里，不仅开讨论会时可以参阅，每人也可随意借阅图书回家阅读。这样对大家都十分有利。因此提议得到了采纳，在很长时间里，人人觉得满意。

发现这样把不多的图书汇集起来很有好处，我又建议开办一个会员收费制图书馆，以便把书籍带给人们的益处推而广之。于是，我根据需要起草了一个必要的提案和章程，还请了老练的公证人查尔斯·布洛克登先生，把所有这些章程改写为赞助的正式条款协议。按照规定，每一个拟赞助图书馆的人须先交付一定数额的款子，用来购买头一批书籍，以后每年再交纳款项添置图书。那时，费城喜欢读书的人少而又少，我们这些人大多又非常拮据，费了九牛二虎的力量，才争取到五十多名加入图书馆赞助者的行列。他们大半是年轻的商人，愿意为此交纳四十先令，以后每年再交十先令。我们就是靠了这样一点点钱办起来的。图书馆从国外购进图书，每个礼拜开放一天，供赞助者借阅图书。如逾期不还，则按预先约定的条款，根据图书的定价加倍偿还。图书馆很快显示出了其实用价值，于是其他城市和州纷起而效仿，读书成了时尚。这些图书馆也因为得到赞助而扩大了规模。同时，大众由于没有什么公共娱乐活动来分散他们读书的兴趣，进而和书籍结下了更深的缘分。不出几年，外地来的人士就发现，一般来说，这里的人们比别的州里地位相同的人们见识更广，头脑也更聪明。

上面所提到的条款，规定在五十年内对我们以及我们的后代子孙具有约束力。那时，我们行将签署这些条款的时候，公证人查尔斯·布洛克登先生对我们说："你们虽说都还年轻，但在你们当中，不太可能有谁能活到本协议规定条款的终止日期。"不过，我们当中还是有些成员现在仍然健在。但没过几年，那项协议就由于一纸特许证的颁发而失效。而特许证则允许成立图书馆，并长期存在下去。

在征求赞助者的过程中，我遇到过反对意见，也遇到过人们流露出来的勉强神态。这使我一下子明白了一个道理：推行一项有益的事业，不宜以倡导者的身份自居。这样做反而有可能让人们怀疑，你是在借机抬高自己的声望，哪怕是稍稍超过你的邻里。而把这项事业付诸实施所需要的，正是他们的协助。于是我尽量不突出自己，说这是"几个朋友的计划"。他们要求我出面，向他们心目中爱好读书的人们进行推荐。这样一来，我的事情做起来就顺利了许多，以后遇到相同的场合，也总是这样做。由于我这样做事不断获得成功，所以想真心地把这种做法推荐给大家。眼下你所牺牲的一点点虚荣心，日后还可以得到丰厚的回报。倘若一时不能确定应该归功于谁，比你还要虚荣的某某人可能就会在诱惑之下，自称是他的功劳。然而，那个人还会受到旁人的忌妒,这样到头来也会还你个公正,把那些僭取走的翎毛拔下来,还给它们真正的主人。

这个图书馆为我提供了不断学习、提高自己的途径。每天,我都安排一两个钟头看书。这样,在某种程度上弥补了父亲一度打算让我受到高等教育的损失。读书是我留给自己的唯一乐趣。我一不去酒馆,二不进赌场,也从不在玩乐消遣中打发时间。在事业上所需要的勤勉,仍然一如从前,不知疲倦。我创办印刷所欠下了债务,孩子又到了受教育的年龄,在业务上,还得同当地两家先我而开业的印刷所周旋。虽说境况逐渐宽裕,但我仍然保持着简朴的习惯。孩提时代,父亲在教训我的时候,就经常跟我说起所罗门的一句箴言:"你看见办事殷勤的人吗?他必站在君王面前,必不站在下贱人面前。"[1]从那时候起,我就把勤勉视为获得财富和出人头地的手段。虽说我从来没有想到真正"站在君王面前",但这句箴言还是鼓舞了自己,而且后来还应验了。我真的站在了五位君王面前,甚至有幸同其中的一位即丹麦国王坐在一起共进晚宴。

我们有句英语谚语说得好:"但凡要致富,必得问主妇。"

---

[1] 见《圣经·旧约·箴言》第二十二章第二十九节。汉译采用通用的《圣经》(和合本)译文。

我还算幸运,娶到了一个和我一样勤俭的妻子。她心甘情愿地在事业上协助我,帮我折页、装订,打理店铺,替造纸商人收购亚麻布破烂等活计。我们没有雇用闲着无事可做的帮佣,摆设的家具是最廉价的那种,吃饭也十分简朴,不事奢靡。比方说,我早饭在很长时间里都不喝茶,只吃面包和牛奶,用的是两便士的陶土汤碗,外加一把锡制汤勺。请看一下奢华是怎样违背我们的原则侵入我们家庭,并得寸进尺的吧:一天早上,妻子招呼我吃早饭,我发现早饭竟然盛在了瓷碗里,而且还添了一把白银汤匙!这是妻子瞒着我添置的,花了不少钱,一共二十三先令。对于这一点,她没有别的借口可以辩解,只是说她觉得她丈夫跟邻里们一样,也有使用银匙和瓷碗的资格。在我们家里,这还是第一次见到白银餐具和瓷碗。接下来的几年内,随着家中财产的增加,这类餐具也越发多了起来,价值渐渐达到了数百英镑。

我原来受到的是长老会教派的宗教熏陶,这种教义的某些信条,诸如"神命永恒""上帝选民"和"神的谴责"等,在我看来难以理解,别的信条则叫我心存疑惑。所以,既然礼拜天是我读书的日子,我很早就逃避这个教派在那天举行的公共集会。但我却不是没有自己的宗教原则。比方说,我从来不怀疑上帝的存在:他创造了世界,按他的旨意统治世界,对上帝的最好侍奉就是与人为善，人的灵魂不朽，以及罪孽受惩罚，美德得褒奖，而无论今生和来世。我认为这些都是每个宗教的精髓，都是我国所有宗教的精髓。我对这些十分尊重，虽然尊重的程度有所不同。原因在于，我发现它们混杂着别的律条，非但不去激发、促进并确定道德规范，反而从原则上分裂我们，使我们彼此产生敌意。对这一切的尊重，源自即使最坏的信条也有其良好作用这样一种看法。对于自己的宗教，某些信仰者是持有美好看法的，所以这又使我有意回避这样的讨论。再说，随着我们州人口的增加，也就不断需要新的礼拜教堂。而一般来说，这些教堂又是通过志愿捐资兴建起来的。因此无论关乎哪个教派，我自己为此所做出的微小贡献，从来没有遭到过拒绝。

虽然我很少参加公共礼拜，但至今抱着一种看法：认为它不仅合乎规矩，而且只要适当展开，还十分有用。我每年按期交纳会费，来资助费城那个唯一的长老会牧师和集会。那个牧师经常以朋友的身份来看望我，劝我参加他主持的礼拜仪式，因而时不时地给他劝了前去。有一回，曾经一连去过五次。假若他是我心目当中的出色牧师，那么，尽管礼拜天是我读书学习的空闲时间，也许我会继续参加的。不过，他的讲道大半来说不是教派之间的论争，就是对我们教派所特有信条的阐释。这些东西枯燥乏味，不能启迪人的心智，因此自己没有一样感兴趣。它们既不教给人们一条道德准则，也不能叫人身体力行。其目的与其说是培育高尚公民，倒不如说是制造长老会会员。

后来他在布道时，引用了《腓立比书》第四章里的一段经文："弟兄们，凡是真实的、可敬的、公义的、清洁的、可爱的、有美名的，若有什么德行，若有什么称赞，这些事你们都要思念。"①当时，我心里想，布道词里加上这样一段经文，必然有一番道德劝喻的。可是，他却按《使徒行传》②里的含义，仅仅归结成五点：一、奉祀圣洁安息日；二、勤诵《圣经》经文；三、准时参与公共礼拜；四、与人分享圣餐；五、敬重上帝的牧师。这些自然都是善行，但不是自己从讲道词里盼望听到的那些善行，所以不愿意再一次听到这些说教，同时心里又十分厌恶，从此不再去听他讲道。几年以前，我（在一七二八年）编排了一个小小的礼拜仪式，或者说编写了一种祷文，供我自己私下使用，题目就叫《宗教信条与行为规范》。我这时又重新使用起来，不再参加公众集会的仪式。我的这种举动或许应该受到责

---

① 见《圣经·新约·腓立比书》第四章第八节。但作者在"弟兄们"一语后，省略了"我还有未尽的话语"一句。
② 见《圣经·新约》。

备,但这一点我想暂不理会,不进一步做出解释,因为眼下的用意在于陈述事实,而不是进行辩解。

大约就在这时候,我酝酿了一个大胆而又艰巨的计划:实现"道德的完美"。我希望自己在生活中,任何时候都能够避免犯错作孽,能够克服一切邪恶,无论是源自先天的秉性、习惯的惰性,还是与自己为伍的人们的误导。既然我明白,或者说我自以为明白是非,那为什么自己不能一贯趋是避非,我就不明白了。然而,不久我就发现,自己所肩负的这项任务,比想象的更加困难。每当我精神专注,防备这一过失的时候,另外一种过失却突然发生了。习惯的使然往往乘人们思想涣散之危,天赋禀性又时而战胜理性。最终我得出了这样的结论:单纯臆想出来的、在利害关系上做到完美无缺的信念,并不能够防止我们跌跤;不良习惯必须祛除,优良习惯必须加以培养和树立,才能信赖行为坚定不移的、始终如一的正直。为了达到这一目的,我因此拟定了下列方法:

我在浏览图书时,见到过各种各样的列举"美好品德"的方法。我发现,由于不同作者在同一美德的名目下所包括的含义有多有少,因此美德的条目也有多有寡。比方说"节制",有人把它的含义局限于饮食方面,还有人把它延伸到其他享乐、欲望、习性和情欲等肉体或者精神好恶的调适方面，甚至于延及贪婪和野心。为了清楚明白起见，我个人的方法是宁可多设立些名目，每个名目少附加一些意义，而不是名目少但含义驳杂。我把当时自己认为有价值或者必须的所有美德，划分为十三个项目，每项再附以简短解释，充分显示出我所赋予它的蕴意范围。

这些美德的名目及其含义如下：

一、节制：吃饭不可过饱，饮酒不可贪多。

二、少言：谈话必对人对己有益，不可言不及义。

三、条理：生活用品放置有序，生意时间按部就班。

四、决心：该做的事情决心去做，决心去做的事情务必完成。

五、节俭：不暴殄天物，凡有开销，均要对人对己有益。

六、勤奋：珍惜光阴，手头不辍有益之事，无益之举不得为之。

七、诚实：不打诳语，不损及他人；思想要纯真公正，说话须依据事实。

八、正义：行自己分内之好事，不做伤害他人之坏事。

九、中庸：不偏不倚，不冤冤相报。

十、清洁：身体、衣着和居室不得肮脏邋遢。

十一、宁静：小变不惊，静观常见以及不可抗拒的种种变化。

十二、贞洁：……

十三、谦恭：效法耶稣和苏格拉底。

自己的宗旨既然在于把所有这些美德化为天然习惯，因此据我判断，与其试想骤然全部实行而分散精神，倒不如在某一时期内，全神贯注修习一种美德来得好。等把这种美德化为习惯以后，再继而修习另外一种，并依次类推，直到将十三项美德修习完毕为止。而由于某些美德的养成，有助于另外一些美德的养成，所以我根据这一见解，把所有美德按照上述顺序加以排列起来。"节制"之所以名列第一，因为它有助于头脑获得平静，思维变得清晰。这对于时常保持警惕，预防陈旧习俗无休无止的吸引，抵御永无止息诱惑的力量，是不可或缺的。养成了这一美德后，"少言"就轻而易举了。由于我的愿望是，在提高德行的同时增进知识；再者，与人交谈之中，知识的积累靠的是耳朵，而不是嘴巴，因此也希望打破自己当时正在形成的唠叨、俏皮和打趣的习惯。这种习惯，使我只在卑微琐屑的人们当中受到欢迎。所以我把"少言"摆在了第二位。我期望着，这一项以及下一项"条理"，能够使我有更多时间读书并实施自己的计划。而"决心"一旦习惯而成为自然，在培养以下各种美德过程中，我就能够锲而不舍。"节俭"和"勤奋"，则能使我从余下的债务中摆脱出来，获得自立和富足，也会使我更容易做到"诚实""正义"等。那时我又联想起，需要遵守毕达哥拉斯①的《黄金诗篇》里的忠告，必须每日进行自我反省，并用下列办法进行检查。

我订了一个小本子，让每种美德各占一页，用尺子画上红墨水竖线，分成七列，每周的七天各占一列，用一个字表示出来。然后，再横着画十三条交叉的红线，每行开头写上一种美德名称的第一个字。如在那天所检查的美德方面有了过错，就在相应的行列上打上一个小黑点。

每页格式如下：

---

① 毕达哥拉斯，古希腊哲学家。

节 制

吃饭不可过饱，饮酒不可贪多

	礼拜天	礼拜一	礼拜二	礼拜三	礼拜四	礼拜五	礼拜六
节							
少	·	·		·		·	
条	·	·	·		·	·	·
决			·			·	
节			·				
勤							
诚							
正							
中							
清							
宁							
贞							
谦							

我决定对每一种美德相继进行一个礼拜的严格检验。这样，第一个礼拜我非常小心，以免做出哪怕是稍有违反"节制"的事情，至于其他的美德，只是一般地注意一下，不过每天晚上得把当天的过错标记出来。这样，如果第一个礼拜能够让标着"节"字的那一行干干净净，没有黑点，就可以认为，遵守那一种美德能力已经大大加强，而与之相反的习惯已经得到了削弱。于是就可以大胆地扩大关注范围，把下一项美德包

括进来,做到下一周这两行都没有黑点。并由此类推至最后一项,用十三个礼拜的时间完成全部过程,每年循环四次。这就仿佛园丁一样,他想除去花园的杂草,但他没有力气和能耐,不可能做到毕其功于一役,只能每次锄去一个花床里的杂草,锄完第一个花床,接下来再锄下一个。所以,我希望通过接连不断地清除行列里的黑点,通过看到每页标记的在培养美德方面所取得的进步,而感到欢欣,受到鼓舞。最后,经过数次循环,在十三个礼拜的每日反省后,能够看到一尘不染的表格,我将非常欣慰。

我在这个小本子上,还摘引了艾狄生《卡托》[1]中的几行诗作为座右铭:

我相信冥冥之中有一种神灵的威力
(听,整个自然都在借助他的运筹为他欢呼),
想必须沉湎于美德的欣喜;
他欣赏的人儿必然幸福。

---

[1] 《卡托》,系艾狄生(见第一章注)的悲剧(1713年)。

还引用了西塞罗①一段话：

哦，哲学，你是生命的罗盘！你探索的是品德，去除的是罪孽。遵从你的指点，安全度过一日，胜似那罪孽的一百年。

还有一段引自所罗门箴言，讲的是智慧和品德：

她右手有长寿，左手有富贵。她的道是安乐，她的路全是平安。②

上帝乃是智慧的源泉，由此可见一斑。因而我认为，企求他的帮助来获取智慧是正当而且必须的。为了这一目的，我写了下面篇幅不长的祷文，抄写在自己每日进行反省的图表前面：

---

① 西塞罗（约公元前106—43年），古希腊哲学家、演说家。下面引文引自其对话体裁的哲学论著《卡斯库鲁姆城论辩录》（公元前45—44年）第一卷第二章第五节。该书计五卷，论辩假想在罗马东南卡斯库鲁姆古城作者的别墅里进行。
② 见《圣经·旧约·箴言》第三章第一十六节。

哦，万能的上帝！慷慨的天父！仁慈的向导！提高我的智慧吧，揭示出我最真切的利益。加强我的决心吧，使我能够听命智慧行事。请接受我对你其他子民的服务吧，这是我对你绵延流长的眷顾，所做的力所能及的报答。

有时，我还从汤姆逊①《诗集》里引用一小段祷文：

你善良的至高无上者哟！光明与生命的父，
哦，教导我何者为善，亲自给我教诲！
拯救我于荒唐、愚蠢、虚荣和邪恶，
让我的灵魂充满知识、清醒的安宁，
以及纯洁的美好德行，
赐给我圣洁、充盈和永不褪色的祝福。

"条理"这一项的意思是要求"生活用品放置有序，生意时间按部就班"，因此，我那个小本子，其中一页就附有一天二十四个钟头的活动方案：

---

① 詹姆士·汤姆逊（1700—1748年），苏格兰诗人。这段诗引自他的诗《四季》（1726—1730年）。

活动方案

	问题	时间	
上午	今天我做什么有益的事情？	五点钟 六点钟 七点钟	起床、梳洗、穿衣；祈祷万能的上帝；安排一天的业务，决定该做的事情
		八点钟 九点钟 十点钟 十一点钟	工作
中午		十二点钟 一点钟	读书或者查账，然后午饭
下午		二点钟 三点钟 四点钟 五点钟	工作
晚上	今天我做什么有益的事情？	六点钟 七点钟 八点钟 九点钟	用品归还原处；晚饭；听音乐、娱乐或与朋友交谈；进行每日的反省
夜间		十点钟 十一点钟 十二点钟 一点钟 二点钟 三点钟 四点钟	就寝

这样制定好了方案以后,我便着手实施每日例行的反省,而且一直坚持下去,只是偶尔中断过几天。结果出人意外地发现,自己的过错比我想象的多得多。但同时又因为过错在逐渐减少,而感到欣慰。一个循环结束后,我就把小本子上犯过错误的记号擦去,空出篇幅让下一循环来做标记。这样小本子上就给擦得满是洞洞,因此,还得重新制作本子。为避免这个麻烦,并使本子经久耐用,我改在备忘录的象牙纸上画出表格,写出每项含义,再用红墨水画出线条,行列之间用黑色铅笔标记过错,而这些标记用一块湿海绵就很容易擦去。经过了一些时候,我延长周期,用了一年的工夫才循环了一遍。再到了后来,甚至花几年的时间来能完成一个循环。而最终,由于国外旅途劳顿,生意繁忙,以及种种事务的羁绊,又不得完全不放弃了自我反省。不过,那个小本子却须臾没有离开身边。

我制定的有关"条理"的方案,给我带来了极大掣肘。虽然我发现,对于譬如以印刷为职业又可以自由支配起时间的人来说,这一项倒是切实可行的。但是,对于必须在属于自己的时间里处理俗务、接待客人的雇主,就不大可能严格遵守。再者,在归置物品、纸张等方面,我发现"条理"这一项也极难做到。早年我不习惯于"步骤",我那时记忆力特别好,感觉不到缺乏

"步骤"所引起的不便。所以，这一项美德叫我大伤脑筋，并付出了沉痛代价，而且在实施"条理"的过程中，又使我烦躁不安。但是想要弥补，成效也微乎其微，常常重蹈覆辙，几乎到了放弃努力，安于品格在那方面存在缺陷的地步。就仿佛自己一个当铁匠的邻居所遇到的事情一样。有个人向他买一把斧子，但要求斧子处处都得像斧刃那样光亮。铁匠说，只要那人摇动砂轮，他就答应替他把斧子磨亮。那人摇起了砂轮，铁匠却用斧子宽阔的那一面重重地狠劲压住了砂轮。这样，摇起砂轮来就非常耗费力气。那人还时而从砂轮那边跑过来，看看活计进行得如何了，但最后还是原样拿走了斧子，不想再磨下去。"不行，"铁匠说，"接着摇，接着摇，咱们肯定能磨亮的，可现在仍然还有锈迹的呀。""是呵，"那人说，"可带着锈迹的斧子是最好的，我喜欢。"我相信，很多人的情形也都是这样。他们缺乏我所使用的方法，发现实施行善，打破在其他的美与恶方面的坏习惯十分困难，于是便得出结论说："带着锈迹的斧子是最好的。"而这些似乎颇有道理的事情，却时常向我表明，在道德方面，像我那样追求尽善尽美，是一件愚蠢的事。万一别人知道了，就会受到他们的挖苦；品格上的完美无缺，还会带来人们的忌妒和厌恶。因此，乐意行好事的人应该让自己残留着某些缺陷，要不朋友们就会感到尴尬。

说老实话,我发现自己在"条理"方面已经积习难改。如今我年事已高,记忆力很差,明显感觉到这种习惯的缺乏。但总体来说,虽然我从来没有达到自己那样雄心勃勃想要达到的完美境界,而是远远落在了后面。然而,通过这种努力,我享受到了更多快乐,也使自己的人格更加完善,不然的话,情况就会大不一样。就仿佛临帖练习写字的人,尽管他们的书法不像所希望的那样可以与字帖相媲美,但毕竟经过这种努力得到了提高,字迹俊美而清晰,或可差强人意了。

我的子孙倘或得知,他们的这个先辈由于仁慈上帝的保佑,一生幸福源源不断,到了七十九岁还写自传,应该归功于这点小小的本领。至于在余下的岁月里有没有遇到逆境的可能,只好完全听从天意。不过,即使灾难降临了,但回眸往日所享的幸福,也应帮助我听天由命,默默忍受。长期以来,我能够保持身体健康,至今仍然硬朗健壮,应该归因于自己做到了"节制"。我早年就得以发迹,成就了安逸的生活,同时学到了知识,使自己成为一个有用的公民,在读书界享有一定声誉,应该归于"勤奋"和"节俭"。国家对我的信赖,以及它所托付给我的光荣职责,则应归于"诚实"和"正义"。这些美德尽管自己修习得还不完善，但由于它们全部合在一起所产生的作用，使我的性格平易近人，跟人讲话谈笑风生，所以人们至今还愿意和我来往，连年轻的朋友也喜欢与我交往。所以我希望，自己的一些子孙能够效法这种榜样，并从中有所受益。

还需要说明的是，虽然我的方案并非完全没有宗教的蕴意，但却不包含任何特殊教派的与众不同的信条。我有意识地回避了这些信条，其原因在于，我确信自己的方法实用、完美，能够为一切教派人士所用，而且还打算有朝一日出版发行，所以不愿意让它有什么地方让人产生偏见，引起什么人、什么教派的反对。我曾经计划着就每种美德写个简短评述，指明培养这种美德的有益之处，以及与它背道而驰的邪恶的有害之处。我原来想把书题名为《道德的艺术》，因为这本书应该告诉人们，培养美德的方法和手段。这就使它有别于仅仅劝善的做法，而仅仅劝善并不能启迪人们，教人以实行的手段，而像口头施舍的传布福音的使徒一样，不告诉饥寒交迫的人们怎么样或者在什么地方能够得到衣着或者食物，而是劝说人们要吃饱穿暖[1]。

---

[1] 这两节的经文是："若是弟兄或是姐妹，赤身露体，又缺了日用的饮食，你们中间有人对他说，平平安安地去罢。愿你们穿得暖、吃得饱，却不给他们身体所需用的，这有什么益处呢？"（见《圣经·新约·雅格书》第二章第十五～十六节）

可是不巧得很，我写点评论出版的打算却从未付诸实行。当然，对于自己的某些感想和论断的简短提示，我也为了日后应用做过笔记，有些现在仍然放在手头。但是，我早年生活中对于私人事业，以及后来对于公众事业需要自己密切关注，便推迟了这项工作。这在自己内心里，关乎"一项宏伟的事业"，需要全身心地投入才能实现，然而接二连三的、出乎意料的事件，阻碍了我去实施，以至于直到今天仍然没有能够完成。

在我这部自传中，我的意图是解释并且强调这样一个原理：如果仅仅考虑人的天性的话，那么"邪恶的行径，并非因为它们受到禁止才有害；而是因为它们有害才受到禁止"。因此，即便是渴望今生幸福的人，具备善良的德行也有益于所有的人。谈到这些情况（世界上总有一些富商、贵族、政客和亲王，需要用诚实的人来管理他们的事务，而这样的人却少而又少），我想尽自己的努力使年轻人认识到，处于贫困的人要想发达起来，除了"笃实"和"正直"，再也没有其他使之实现的品质。

我列举的美德起初只有十二项。但一个教友派朋友好心告诉我，人们普遍觉得我十分骄傲，而且时常在谈话中流露出来；还说不管讨论什么问题，我并不仅仅满足于自己的正确，甚至盛气凌人，露出傲慢无礼的神色。他还举了几例子，好让我对他的话深信不疑。我听了以后决定，在克服别的过错的同时，如果能够的话，尽力去除这种恶习或者愚蠢行为。于是在我列的清单上，又加上了"谦恭"一项，赋予它以广泛的含义。

在"实施"这项品德中，我不敢夸口自己取得了多大成功，但表面看来，已经有了很大起色。我跟自己约法三章，克制产生与他人看法直接对立的情绪，避免发表断言自己正确的意见。我甚至按照"永图社"那些旧有的规章制度，禁止自己使用英语里那些表示肯定意见的字眼或者说法。凡是遇到诸如"自然""毫无疑问"之类字眼，我都代之以"我认为""我估计"或是"我猜想"这个问题是这样的，也或者说，这个问题"就我目前看来"是这样的。我觉得别人说错了的时候，也不为了自己的痛快，直接予以生硬反驳，立刻指出他所提意见的荒谬，而是在回应的时候，首先表示在某些方面或者情况下，他的意见或许正确无误，尔后再说，但就眼前的情形而论，在我来说"似乎"或者"看起来"还是有些不同，如此等等。很快，我就发现改变说话态度的好处，即我和他人的交谈可以进行得更加愉快。我提出自己见解的谦逊方式，使听到的人减少了抵触，增加了接受意见的准备。而且，当我发觉自己错了时，也不至于过分困窘；凑巧自己的观点正确时，也能更加轻易地说服人们放弃错误，采纳我的观点。

起初使用这种方式时，难免会不无强制地去改变自己的天性，但后来终于运用自如，又成了我的习惯。也许在过去的五十年里，谁也没有听见我说过一句武断的话。我认为，除了自己的正直品德以外，我的成就主要应该归功于这种习惯。早年，我提出新体制或者修改旧体制的时候，我的同胞那么重视自己的意见；后来当了议员，在议会讨论中我又产生过那么大的影响。我不善辞令，讲话从来谈不上雄辩，措辞上也往往犹豫不决，很难做到没有语病，然而，一般来说，我的意见都能得到人们的认可。

实际上，在我们天生的情绪当中，"骄傲"也许是最难以克服的。不论一个人使出怎样的浑身解数去伪装它、压制它、窒息它、克服它，它仍然存在着，仍然会不时浮出水面，显露出来。在这部自传里，你就可能时常见到它，因为即便是我自认为已经完全克服了它，但我也许会由于自己的"谦恭"而"骄傲"。

第七章

  前一章包括了富兰克林在帕西写的那部分自传。到目前为止,其余的章节背面的题签是:"备忘录。我现在打算在家里(费城)写作,时在一七八八年八月。然而,我却无法指望从自己的资料中得到多少帮助,许多资料在战争期间已经散佚。好在还找到了下面一些材料。"

既然说起过自己酝酿的"一项宏伟的事业",那么,就有必要在这里对这项事业及其目标做一简略说明。它在我头脑中初露端倪的情况,记载于下面凑巧还保留着的纸头上面:

一七三一年五月九日图书馆读史有感

党派推动并影响天下大事、战争,以及革命。

这些党派的主张反映着它们当前的普遍利益,或者它们认为如此的利益。

不同党派的不同主张可以引发各种混乱。

一个政党在实现普遍目标的同时,每个人又有其特定的私人利益。

一个政党一旦实现了其普遍目标,每个成员即全神贯注于其特定的利益。而这又会妨碍其他成员的利益,从而使该政党分崩离析,派别林立,造成更大的混乱。

无论各政党成员如何乔装打扮,在公众事务中,少有仅仅从其国家利益的角度出发,来采取行动者。即使其行动为国家带来了真正利益,人们主要考虑的,仍然是他们的利益和他们国家的利益是联系在一起的,因此他们的行动并非基于仁爱原则之上。

而从为全人类利益的角度出发,来采取行动者更是少之又少。

因此,目前就我而论,亟须把各国德高望重的优秀人物组成一个正规团体,取名为"联合道德党",并以恰当的和善与明智的章程加以制约。如此，与芸芸众生遵守普通法律相比，善良与明智人士或许更能遵守这些章程。

目前，在我看来，无论什么人，但凡深孚众望，并朝正确方向努力来创建这样的政党，势必会取悦于上帝，也势必会获得成功。

我在脑海里反复思考这项事业，准备自己今后的境况一旦允许，能有闲暇时，再来付诸实施。所以，有关这项事业的这样一些想法，便随时笔录在纸头上。虽说其中大多数均已散佚，但也找到了一个文件，记载着原来打算当作信条的主要内容。这个文件，我认为，既包含了人们熟悉的所有宗教的信条主旨，但又没有引起任何宗教公开信仰者震惊的东西。它是这样表述的：

只有一个创造万物的上帝。

他以天命驾驭世界。

他应该受到崇拜，享受仰慕，聆听祈祷和感恩。

然而，对上帝最受欢迎的侍奉，则是对人们笃行好事。

灵魂永远不灭。

无论是今生，还是来世，上帝都会惩恶扬善。

那个时候我的看法是，这样一个团体应该只从单身青年入手，在他们中间发展。每一个正式加入的人，不仅应当宣布同意这些信条，还应当仿照前面所说的方式，就那些美德进行十三个礼拜的省察和实践。这个社团的存在，应该保守秘密，直到发展到相当规模为止，以防止不适宜的人员申请加入社团。然而，每一个成员又必须在自己认识的人当中，物色性情开朗的聪慧青年人选，谨慎而又逐步向他们讲明社团的计划。社团成员应该相互提醒，相互帮助，相互支持，以促进生活上的各自利益，各自的事业和进步。为了与其他社团相区别开来，我们管它叫"自由幸福社"。所谓"自由"，指的是通过把各种美德培养成普遍习惯，"自由"于邪恶的魔爪之外，尤其是通过"勤奋"和"节俭"的实践，而"自由"于债务之外。这说明，处境窘迫的人，也就容易沦为债主的奴隶。

关于这项事业，现在所能记忆起来的就是这些情况。另外，我还向两个青年透露了其中的部分情况，他们两人十分热情，愿意这样做。不过由于当时境遇拮据，需要密切关注自己的生意，因此，使我把这项事业的进一步实行拖延了下来。后来，我的多种或公务或私事的兼职，又使我继续拖延下来，及至到了最后，再也没有足够的精力来从事这项事业。不过我仍然认为，这是一个切实可行的方案，它组织起一大批优秀的公民这一点，可能会变成非常有益的举动。虽然这项事业看起来相当艰巨，但我并没有因此而灰心。因为我一向认为，一个稍有能力的人，只要他首先制订一个出色的计划，放弃一切分散精力的娱乐和其他事务，把实现这项事业看成自己的唯一计划和职责，就能给人类带来翻天覆地的变化，完成伟大卓绝的壮举。

一七三二年，我自己编纂的历书首次问世，署名理查·桑德斯。这本书大约连续出版了二十五个年头，通称《穷理查历书》[1]。编写当中，由于既着眼趣味性，又注重实用性，所以需求甚大，年销售量近万余册，使我从中获利颇丰。鉴于该书在一般人中间读者众多，在州内几乎没有见不到它的地区。我因此认为，要在普通民众中传播教诲，它是个再合适不过的工具，因为除了这本书以外，民众几乎不购买别的什么书籍。于是，凡是日历上重大节日之间小空白处，我都印满了格言谚语。它们大半是

---

[1] 该书假托一个叫"穷查理"的人以谈论生活经验的形式写成。一译《格言历书》。

劝导人们把勤奋和节俭当作致富的手段，从而培养人们美德的。而对于一个手头拮据的人来说，要想做到一贯诚实，则是十分困难的。因为，正像书中的一则谚语所说的那样："空麻袋，立不直。"

这些格言谚语蕴含着历代各民族的智慧。我把它们搜集起来，编辑成前后连贯的文章，置于历书的一七五七年版卷首。这就仿佛是拍卖会上，一个智慧老人向人们发表的长篇大论的演说，把分散的忠言集中起来，以便给人们留下更深刻的印象。这篇受到普遍赞扬的文章，所有美洲大陆的报纸均纷纷转载，在英国则印在大开张的纸上，以供室内张贴，仅在法国就出版了两个译本。传教士和贵族绅士也大量购买，免费分发给贫穷教友和佃农。在宾夕法尼亚州，由于我的文章不赞成用无谓的开销购买外国奢侈品，有些人因此断定，对于文章发表后的几年间，人们所见到的这里财富的大量增长，也产生了一定影响。

此外，我认为办报也是一种传播教诲的工具。考虑到这一点，我的报纸便经常转载《旁观者》杂志和其他劝善作者的文章摘要，有时也发表自己写的小文章。我写作这些短文，最初只是为了在"永图社"上宣读。其中有一篇就是关于苏格拉底的对话，用意无非是证明，一个没有道德的人，无论他有多少才华和能力，仍然不能称他为通情达理的人。另外一篇短文则论述自我牺牲精神，说明美德只有通过实践成了习惯，不受与它相反习性的干扰时，才能算牢固树立起来了。这些文章大约可以在一七三五年初的报纸上看到。

在编辑报纸的过程中，我十分谨慎，注意把那些诽谤中伤的言辞统统删去。因为近年来，这些东西已经成了我们国家的耻辱。每逢人们恳求我塞进那类东西时，或者每逢作者像往常那样进行辩解，要求新闻自由，扬言报纸就像是一驾公共马车，无论是谁，只要付费，就有权利占据一席地位时，我的答复总是：假使他希望如此的话，我愿意另行刊印下来，而且，只要由他自己发行，喜欢印多少份就印多少份。但对于散播作者的诽谤，我自己不承担责任。再说，我已经跟订户达成了协议，让他们能够读到或者有益或者有趣的文章，因此不能使报纸充斥着与他们无关的私人口角，那样，显然对他们有失公正。然而，现在有一些出版商却肆无忌惮地去迎合某些人的邪恶趣味。这些人恶意中伤我们当中那些品格最优秀的人，拨弄是非，加深仇恨，乃至到了引起人们决斗的地步。还有的出版商极其轻率，刊登诋毁漫骂邻国政府，甚至我们最可靠的盟国行动的文章。这可能造成极为有害的后果。我所以提起这些事情，是对年轻出版商提出的一个警示：不能以这种有损名誉的做法，来玷污他们的行业，亵渎出版界的威望。而是应该对于这种要求，坚决予以拒绝，从我的例子可以看出，像我这样办报，总体来说，对他们的利益并没有妨碍。

一七三三年，我派了自己的一个熟练工匠，前往需要建立印刷所的南卡莱罗州纳查尔斯顿城。这之前，我跟他订立了合伙经营合同，由我提供一架印刷机和一套铅字，并支付三分之一的资金，而届时我的利润也是其中的三分之一。此人很有学问，但对会计事务一无所知。虽然他有时给我汇款，可是我从他那里却得不到会计报告，他活着的时候，对于经营状况我一直得不到满意的说明。他去世后，生意由他的遗孀接手经营。她在荷兰出生长大，据我所知，在那里会计知识是妇女教育中的一个部分。所以，她不仅对过去的交易尽其所能提交了一个清晰的报告，以后还在每个季度末按时给我一宗极其精确的账目。因而，这份生意由她管理得相当成功，她不但把一大群孩子养大成人，受到了尊敬，还在合同期满时，从我手里盘下了那家印刷所，让儿子以此成家立业。

我提到这件事的主要目的在于说明，对年轻妇女的这种教育，是十分可取的。这对于她们及其子女，可能比音乐和舞蹈来得更为有益。万一她们孀居，也能保全自己，不致受到狡诈小人的胁迫而遭受损失，也许还可依靠固定客户，继续从事可以获取利润的生意，等到儿子成年能够接手业务时，就能依靠这一长期优势继续经营，使家境富足起来。

大约是一七三四年的光景，有个年轻的长老会传教士，名叫亨普希尔①，来到了我们这里。他声音悦耳动听，发表了一些极其精彩而显然又是即席的布道词，吸引了大批不同教派的人士。他们异口同声，对他赞美不已。在这些人中间，我也是经常的听众之一。他的布道很少教条式的说教，只是力劝人们培养美德，按照宗教的说法，就是多行善事，因此，我感到十分高兴。不过，长老会里那些自诩为正统教友的人，不同意他讲的道理，而且有许多年长的传教士都站在这些人一边，在教会会议上指责他是异端，想压制他，不叫他布道。我这时成了他的热情支持者，倾全力组织起一个声援他的团体，抱着某些成功的希望，为他战斗了一段时间。其间，还发表了不少有关正反两方面观点的信手写来的文章。可是我发现，他虽然是个一流的传教士，却写不好文章。于是我代他写了两三本小册子，一篇刊登在一七三五年四

---

① 亨普希尔，爱尔兰长老教会传教士。

月的《公报》上。这些小册子,还有别的一些论辩文字,尽管出版之初读者甚众,但很快就停止了流行。依我看,如今恐怕连一本都找不到了。

就在论争过程中,一件不幸的事情极大地损害了他的事业。我们对手中,有一个人听了他的备受推崇的讲道后,发觉好像以前在什么地方读到过,起码读到过其中的一部分。经过一番搜索,他在英国的《评论》上发现了那段详细引文,原来出自福斯特博士[①]的演讲。揭露出这一点,使我们团体中的很多人感到厌恶,不再支持他的事业。这也就加速了我们在宗教会议中的失败。不过,我依然跟他站在一起;我宁愿听他宣讲别人写的布道词,也不愿意听他自己编造的蹩脚的说教,虽然普通的传教士都自己撰写讲稿。后来他向我承认,他宣讲的布道词没有一篇是他自己写的,又说自己的记忆力非常之好,无论什么布道词,看了都过目不忘,还能复述出来。我们失败后,他告别了我们,到别的地方去碰运气,从此我也再没有参加什么宗教会议,尽管多年来我资助牧师,一直未尝间断过。

从一七三三年开始我学习外语,很快自己就精通了法语,能

---

① 詹姆士·福斯特博士(1697—1753年),英国反对派教士,信仰唯理论,发表过四卷布道书,被认为是当时口才雄辩的传教士之一。

够从容不迫地阅读用那种语言写的书籍。接着又学习意大利语。我有个朋友，当时也在学习意大利语，经常劝我跟他下棋，可我发现，下棋占用了我太多的留出来用以学习的时间，这样终于表示拒绝，再也不跟他下棋。除非有一条：每盘棋不论谁是赢家，均有权给输棋的布置任务，或者记忆语法或者翻译文章，输棋的人必须保证完成，才能再次会面下棋。由于我们俩的棋艺旗鼓相当，结果就在互有胜负当中掌握了意大利语。后来，我又稍加努力学会了西班牙语，也达到了能够阅读原文书籍的程度。

我上面提到过，自己幼年时念过一年的拉丁文学校，但后来又完全忘记了这种语言。然而，当我学会了法语、意大利语和西班牙语以后，却出乎意料地发现，浏览拉丁文《圣经》时，自己所理解的比预想的多。这又鼓励着我再一次专心致志地学习起来，而且，由于学习前面几种语言为我铺平了道路，拉丁文学习得非常成功。

从这些情况来看，我觉得我们教授语言的通行方法前后有些矛盾。人们经常对我们说，学习语言应该从拉丁文入手，掌握了以后，再学习现代语言就易如反掌了，因为它们都是从拉丁文派生出来的。可是，我们并没有为了轻松掌握拉丁文，而从希腊语学起。如果我们不经过楼梯，就能到达楼顶的话，那么从上面往下学，诚然更加容易。不过，假如我们从最低的楼梯开始，自然也就能够轻而易举地攀登到顶峰的。因此，我愿意进言主管青年教育者，请他们考虑一下，既然许多从拉丁文学起的人，耗费数年光阴，没有取得多少进步，结果放弃了学习，而所学到的东西又毫无用处，只是浪费时间而已，那么先从法语入手，进而学习意大利语和拉丁文，是否更有利呢？这样，虽然花费同样的时间后，他们可能放弃语言学习，永远掌握不了拉丁文，但却学会了一两种现代语言。而这些现代应用着的语言，想来在他们的日常生活中，能够派上用场的吧。

离开波士顿转眼已经十年。那时，自己的生活已经十分充裕，于是便踏上了回乡的路程，去探望亲友，不然是没有能力这么快回去的。返乡途中，我到纽波特看望了哥哥詹姆士。那时，他和他在那边的印刷所已经安顿下来。我们之间的龃龉早已忘记，相互见面诚恳而又热情。那时他健康状况急转直下，担心将不久于人世，所以要求我，他一旦去世就把他刚满十岁的儿子带回故乡，抚养成人后从事印刷行业。这我统统照办了。先送他儿子去学校念了几年书，又叫他去营业所见习。在他成人以前，业务由他母亲继续经营。由于他父亲的铅字磨损殆尽，我又送了他一套新型铅字。这样，我学徒没有期满，提前离开哥哥给他所造成的损失，就充分弥补了回来。

一七三六年，我四岁的儿子由于罹患天花而夭折。他是因为人们普遍感染患上这种疾病的。我这个儿子非常漂亮，很长时间里，我痛心疾首，现在仍然后悔没有给他接种疫苗。我所以说到这件事，是为了提醒那些忽视给孩子接种牛痘的父母，万一他们的孩子死于天花，他们将永远不能饶恕自己。我个人的例子就说明，既然无论接种与否后悔的心情都是一样的，那么最好的办法还是选择接种，这是比较安全的做法。

我们发现，"永图社"俱乐部非常有益，给它的成员带来了非常大的满足。所以有些成员就有意介绍自己的朋友入社，但是，这并不太好办，因为那样一来就超过了原来定下的十二人的适当限额。从一开始我们就制定了一条规则：我们的团体需要保密，而且大家遵守得也都很好。其目的是为了避免不适宜的人选申请入社，而要拒绝其中的一些人可能不无困难。我就是反对增加成员者中的一个人。不过，我并没有口头表示反对，而是写了一纸提议：每个成员应该尽自己的力量，单独成立附属的俱乐部，诸凡进行讨论等事项的规则，也应该与我们相同，同时不能透露与"永图社"的联系。提出这个建议的好处在于，我们这些社团，不少青年公民可以用来增进道德，居民对于所有问题的观点，我们也可以了解得更加彻底。这样，我们"永图社"成员就能够提出值得讨论的问题，能够向社里汇报各个分社讨论的情况，以便通过听取更广泛的意见，促进业务上的特殊利益，增进我们在公众事务中的影响，并且凭借在各个分社传播社里的看法，加强我们从事善举的力量。

我的提议得到了采纳。于是每一个社员即刻着手组织自己的俱乐部，不过这些俱乐部并没有全部组建成功。其中有五六个组织了起来，分别冠以诸如"青松""协会"和"乐队"等不同的名称。这些俱乐部不但对于社员个人有益，同时给我们带来许多乐趣、信息和教益。另外，在相当程度上也符合我们在特定问题上影响公众的愿望。这些我以后还要在适当的时候，根据事件的先后顺序举出一些例子，加以说明。

我第一次获得晋升的提名，是一七三六年的事情。那一年，议会一致通过我当选为议会秘书。可是，到了下一年，我再次得到提名时（与议员一样，秘书每年提名一次），一位新议员为了赞成另一位候选人发表了长篇演说，表示反对提拔我。不过，他还是选举了我，这对于我更是一件值得高兴的事。原因在于，除了履行秘书职务立即带来的薪俸，这个职位还给了我与议员保持利益一致的更好机会，为我赢得了印制选票、法律文书和纸币，以及其他零星的官方业务。总体来说,这些都是利润非常丰厚的生意。

因此,我当时并不希望这个新议员反对我。他绅士出身,家境殷实,颇有才华,又受过良好教育。这些使他有可能在议会中的影响举足轻重,后来也确实是这样的。但我也不愿意卑躬屈膝地去讨好他,不久之后,我想出了另外一个办法。我听说他的藏书当中有一部少见的珍本书,便写了一张条子给他,说我很想研读一番,希望他俯允借给我看几天。他立刻派人送了来。我一个礼拜后还书时,附了一张便条,对他的照顾表示非常感谢。后来我们俩在议会里见面,他极其彬彬有礼地跟我寒暄。这是他以前不曾有过的举动。从那以后,无论什么场合,他都愿意替我帮忙,于是我们成了知己好友。而这种友谊一直保持到他去世的那天。这是证明我所学到的那句格言为真理的又一个例子:"行过一次善的人,比得你施舍的人,更愿意对你再次行善。"这说明,小心谨慎地消除敌意,比怨恨、报复,从而继续仇视的益处大得多。

一七三七年,原弗吉尼亚州总督、现任邮政局长斯波茨伍德①上校,由于不满意他在费城委托代办人的玩忽职守和账目不

---

① 亚历山大·斯波茨伍德(1676—1740年),原英国上校,1710—1722年,担任弗吉尼亚代理总督,1730年被任命为北美洲邮政大臣。

清，取消其委任，让我补了空缺。我欣然接受了委托，发现这职位虽说薪水很低，却给我带来很大好处。它有助于我广泛联系，改进我办报的质量，增加需求的订户，同时也招徕了更多的广告，使我的进项增幅颇大。自己老对手所办的报纸，却相应地衰败了。虽然这个对手在担任邮政局长期间，禁止邮差投递我的报纸，但我并没有进行报复，所以这时我感到非常满意。这样，他就因为疏于会计账目的管理，而事业日益衰落。我是为了给年轻人一个警示，才提到这件事的。如果他们受雇于他人，就应该自始至终把账目管理清楚，同时及时上缴款项。如果说明具备这些行为品质，那么无论在谋取新职务，还是在扩展业务方面，就是一切推荐书中所说的最为有力的品质了。

那时，我思想开始转向公共事务，虽说起初想到的都是一些小事。最先考虑的一件事，是费城的夜间巡逻事宜，我觉得需要建立一套规章制度。这件事原来由城内各个相关辖区的警官轮流负责，警官通知几家户主夜里随他一起巡逻，不愿意去巡逻的人，可向警官每年交纳六先令，以豁免其巡逻的差使。据说，这笔钱是用来雇用替身的，但是钱数远远多于实际的需要。于是警官的职位就成了肥缺。而警官又以酒水为诱饵，在附近找一些乞丐无赖替他值夜，体面的户主自然不屑与这些人为伍。因此，那些人夜里根本不去认真巡夜，大部分时间都在饮酒取乐。鉴于这一点，我写了一篇文章在"永图社"里宣读，针砭这些反常现象，特别强调警官无视纳税人的经济情况如何，统统课税六先令是不平等的。因为，一个穷苦的孀居户主，其全部需要保护的财产，也许不超过五十镑的价值，而她所付的巡夜费，却和一个仓库中储藏着数千镑货物的阔绰富商一样。

大体来说，我提出的是一种更有效的巡夜制度，雇用适当的人经常值夜，采取按财产比例课税的更公平办法，来分摊这项开支。这个主张经"永图社"同意后，随即传达到各个分社，作为分社自己提出的计划。虽说这项计划没有即刻得到实行，但使人们对这项变革有了思想准备，为数年后相关法律的通过铺平了道路。我们各分社成员也拥有了更大的影响力。

可能就在这个时候，我就因为粗心大意酿成的住房火灾等事故写了一篇文章，最初在"永图社"宣读，后来发表出来。提醒人们防火，还列举了防火的措施。人们认为，这篇文章非常有用，不久就由此形成了一项计划，组建了一个消防队，以便及时扑灭大火，并在遇有危险时相互协助搬运和保全货物。这一计划立即找到了三十个人选。我们协议的条款，规定每个成员必须经常准备一定数量的皮制水桶、结实袋子，以及用来装运物品的筐子，摆放整齐，可以随时投入使用，一旦火灾发生，就必须把它们运到现场。我们还决定，大约每个月举行一次社交晚会，就火灾问题讨论并交流自己所想到的看法。这在以后遇到火灾时或许派得上用场。

这种机构的作用不久就显现出来，又有很多人希望参加消防队，但超过了适宜的限额。于是，我们建议他们另外组建一支消防队，他们按照建议组了队。这样，一个接一个的新消防队陆续出现了。其为数之多，连大多数拥有房产的居民也参加进来。我开头建立那个队，叫"联合消防队"。从最初成立起，到现在写作本文为止，往上数已有五十多个年头，但它仍然存在着，虽说第一批队员当中，除了我，还有一位比我年长一岁的人依然健在，其余的都已经过世。队员因为缺席每月例会所交纳的罚金，用来给每队购置云梯、救火机、救火吊钩，以及其他有用的器械。因此，我不相信，世界上还有哪个城市配备得比费城更好，在大火初起时就拥有扑灭的手段。事实上，自从组建了这些消防队，这个城市从来就没有发生过烧毁两间房屋以上的火灾，往往在起火的房屋烧掉一半以前，火焰就给扑灭了。

第八章

一七三七年,一个著名的巡回传教士从爱尔兰来到我们这里,此人就是怀特菲尔德[①]先生。起初,他得到允许在费城一些教堂里讲道,后来遭到了神职人员的厌恶,很快拒绝他使用他们的神坛,不得不到旷野里去传教。但前往聆听他布道的人还是很多,有各个宗派和派系的教友,我也是其中一员。尽管他常常侮辱教友,说他们想必"一半是野兽,一半是魔鬼",不过据我猜测,他那讲演的技巧还是对听众产生了非同寻常的影响,他们还是非常拥戴他,尊重他。而且,令人惊讶的是,我们居民的生活习惯也很快发生了改变。起初对宗教的态度,是淡漠或者无关紧要,现在整个世界却似乎都笃信起宗教来。黄昏时分,如果在城

[①] 乔治·怀特菲尔德(1714—1770年),成功的福音传道者。曾经七次访问美洲大陆,虽然未能使富兰克林信奉他的教派,但两人一直保持着温馨的友情。

里徜徉，条条大街上都能听到家家户户吟唱赞美诗的歌声。

由于露天集会常常受到恶劣天气的局限，十分不便。因此，没过多久有人就提出建议，准备兴建一座教堂，指派了接受捐款的人选。很快募集到了多于购买地皮和修建工程的款子。那块地长约一百英尺①，宽七十英尺。工程进行得热火朝天，竣工日期比预期提前了不少时间。这所建筑和附近地面都授权董事会管理，还明确规定，"任何教派的传教士，统统可以使用本教堂"向费城当地居民传教。因为，修建这所教堂的目的，不是为了接纳某一特殊教派，而是为了一般人民的需要。即使是君士坦丁堡的穆夫提②，如果派遣传教士来宣讲穆罕默德的教义，也能找到举行宗教仪式的神坛。

怀特菲尔德先生离开我们以后，沿路在各个殖民地传教，最后到了佐治亚州。其时，往那个州移民是不久以前开始的。不过移民到那里去的，却不像胼手胝足、吃苦耐劳的勤奋农夫那样，是唯一适合垦殖的人们，而是生意凋敝的商人的家属，以及其他破了产而负债累累的人。其中，还有不少人是刚刚从监狱里放出来的。他们懒惰成性，在森林里安下家来，没有气力砍伐清理树

---

① 1英尺≈0.31米。

② 穆夫提，系伊斯兰教宗教领袖的音译。

木，也无法忍受新定居地的艰难困苦，结果有不少人死去了，身后留下许多无依无靠的孩子。这种悲惨景象，触动了怀特菲尔德先生那颗仁慈心肠，于是他想到了一个主意：在那边修建一所孤儿院，来抚养、教育这些孩子。接着他返回北方，为这一善举进行宣传，募集了大笔款项，因为他雄辩的言辞，对于听众的心灵和钱包均产生了奇妙的力量，我也名列当中。

我并非不赞成这项计划，不过当时的佐治亚州，物资和工匠都告缺乏，据信还得斥巨款把物资和工匠从费城运送过去，所以我认为，不如索性在费城兴建孤儿院，再把孩子们接过来。我提出了这个建议，但怀特菲尔德决心已下，拒绝了我的劝告，坚持他自己的最初想法，我也因此拒绝捐助。不久以后，我偶然前去听他讲道，其间，我意识到他打算在讲道末尾求人们捐钱，于是暗地里下定决心，让他从我这里什么钱也拿不到。那时，我口袋里装着一把铜币，三四个银元，还有五枚西班牙金币。不过，他开始捐款的时候，我的心肠变软了，决定把铜币捐出来。他再开口讲演时，那天花乱坠的措辞，使我感到了羞愧，又下决心捐出银元；当他结束他那使人们五体投地的布道时，我竟然把口袋掏了个精光，连金币也一股脑儿倒在了募捐人的钱钵里。听这次讲道的还有我们俱乐部的一个人，他对于在佐治亚州建造孤儿院的看法与我一致。从家里来以前，他料到要进行募捐，为了防范，事先掏空了口袋。可是讲演即将结束时，他极希望捐些钱出来，于是向站在他身旁的一个邻居借钱。说来也巧，这个受到请求的邻居，也许是唯一坚定不移，不为传教士所动的人。他回答说："霍普金逊朋友，要是换了别的时候，我借给你多少都行；但这会儿不行，你头脑看起来好像不大清醒。"

怀特菲尔德先生的某些对手诡称，他会把这些捐款挪为己用；不过，我由于受他雇用，印刷他的布道词和日志，跟他非常熟悉，对于他的正直丝毫没有怀疑，到今天我仍然坚信他是一个完全"诚实的人"。因此我相信，虽然我们没有宗教上的联系，但我自己为他作证，分量也许更重一些。有时，他的确常常为我皈依主而祈祷，但从来没有满意地相信他的祈祷已经应验。所以，我们双方之间的交情，仅仅是世俗的友谊，一直持续到他去世。

下面的例子就说明了我们之间的关系。有一次，他从英国来到波士顿后，写信告诉我就要到费城来，可是，由于他的老朋友、老房东班内泽特搬到了日尔曼敦[①]，不知道逗留期间在哪里

---

① 日尔曼敦，美国宾夕法尼亚州费城一住宅区，建于1683年。

下榻。我回答道:"你知道我住的地址,要是你不嫌住得简陋的话,热情欢迎你来。"他回答说,假如我是看在"基督"的分上善意接待我,肯定有祝福回报你。我回口说,"可别弄错了我的意思。我不是看在'基督'的分上,而是看在'你'的分上。"

我们俩都认识的一个人曾经不无戏谑地说过,我明白圣徒们的习惯,他们受到了恩惠,却把这份人情从自己肩膀上推得一干二净,总是记在上天的分上。不过,我总是把它记在大地的分上。

我最后一次见到怀特菲尔德先生,是在伦敦。他跟我商量孤儿院的事情,告诉我他打算把它改建成一所学校。

他说话嗓音洪亮,吐字清晰完美,隔着很远的距离也能清楚明白地听到他的话语,特别是在听众鸦雀无声的场合,更是如此。一天晚上,他站在法院广场的台阶上讲道。广场位于市场街中段与第二街十字交叉的地方。那时,两条大街上人头攒动,一直伸展到很远的地方。我心里好奇,想知道他的声音到底能够传多远,便从街道紧里面朝河边退去,结果发现,快到前街了,他的声音还清晰可辨,后来一阵嘈杂淹没了他的声音。当时我心里设想,假如以我和他的距离作为半径画出一个半圆,假如其中站满了听众,我再给每个听众留出两英尺见方的地方,估计三万余人都能够听清楚他的讲话。据报纸上称：他曾经在旷野里给两万五千人布道，历史上也有将军们给所有大军发表演说的记载。有时我还怀疑过这一点，但现在相信了。

由于经常听他布道，这样我就逐渐能轻而易举地区分出，哪些是他新近写的布道词，哪些是他在巡回传教时反复宣讲的布道词。后者由于反复不断地宣讲，讲得非常之好，每一声调，每一强调的地方，每一语气的抑扬，都处理得非常完美，恰到好处。一个人即使对其主旨不感兴趣，也不能不因演讲而兴趣盎然，得到一种与人们从优美音乐中所享受到的异曲同工的乐趣。这也就是巡回传教士优越于固定传教士的地方，因为后者不能排练多次，来改进他们的演讲技巧。

不过，他撰写发表的布道词，却时常让对手钻了空子。宣讲时那些不经意的说法，即使是错误的观点，过后都可以解释或者修正，说这指的是与它们相关的说法和观点，甚至干脆否认。然而，一旦形诸文字，就无法弥补了。持批评意见的人猛烈抨击他的文章，为了减少他的信徒，不让信徒们的数目增加，这些批评好像表面上又不无道理。所以我觉得，假如他压根没有写过什么东西，那么，他身后就会留下一个信徒为数更多、也更加重要的教派。而且，倘若如此，即使在他死后，他的声誉也会与日俱增。因为，那样一来，就没有了据以对他进行责难，贬低他品德的文章。他的门徒们出于狂热崇拜，就可以按照他们心目中的样子，任意把各种优秀品德的光环加在他的头上。

那个时候，我的生意持续兴旺发达，生活境况也日益优裕，我办的那份报纸，由于一度成了本州和临近各州唯一报纸，所获利润非常丰厚。同时，我也体会到了这样一种说法是千真万确的："只要能赚一百元，再赚一百就不难。"金钱自身的本质，就是能够大量繁衍。

在卡莱罗纳的合伙生意也取得了成功，我由此受到鼓励，想再经营一些合伙生意。于是，为了奖掖我的几个品行端正的工匠，我以与卡莱罗纳相同的条款，让他们到其他各个殖民地去建立自己的印刷所。他们大多数干得都十分出色，六年期限届满时，能够从我手里买进铅字独立经营，以此养活了几个家庭。但合伙经营到头来往往是不欢而散，不过我却没有遇到什么麻烦。我跟人都是友善地进行合伙生意，结局也十分愉快。我想，这在很大程度上应归功于事先采取了防范措施的缘故。在条款当中，合伙人各自应该履行什么义务，应该拥有什么权利，都规定得清清楚楚，根本没有什么可能引起争议的地方。所以，我愿意把这种防范措施推荐给所有合伙经营生意的人。因为在订立合同时，无论双方的合伙人多么相互尊重，相互信任，一旦认为在业务操作、风险分担等业务方面存在不平等的情况，小小的猜忌和厌恶总是在所难免。这又会导致联系和友谊的中断，也许还会引发法律诉讼以及其他令人不快的后果。

从大体上说，我对自己在宾夕法尼亚的事业，还是有充分理由感到满意的。不过，也有些觉得遗憾的事情：这里没有防务，没有完整的青年教育制度，没有民兵组织，也没有学校。因此在一七四三年，我提出了一份关于成立高等学府的建议。我认为，当时赋闲在家的尊敬的理查·彼得斯①神甫，是主持这样一个机构的适当人选，于是跟他谈起了这项计划。也许是因为他觉得替领主办差更为有利可图吧，便谢绝了从事这项事业。我一时找不到把事情托付的适合人选，这个方案暂时没有实行。第二年，也就是一七四四年，我提议成立了一个"哲学学会"取得了更大成功。我为此而写的文章，假如没有连同其他文件丢失的话，那么在我写的东西里面是能够找到的。

谈到防务事宜，几年来西班牙一直和英国交战，最终法国也

---

① 理查·彼得斯（约1704—1776年），英国神职人员、学者，于1734年前来美洲大陆，曾出任英王特许殖民地领主秘书等职务。

宣布参战[1]。这就使我们处于非常危险的境地。我们的总督托马斯[2]曾经长期力劝教友派议会通过一项民兵组织法，同时通过相应防务立法条款，但都中途夭折了。于是，我建议试行人民志愿报名制。为了促成这一计划，我撰写、出版了一个小册子，题名为《平凡的真理》。在其中，我强调指出，由于我们处境孤立无援，为了防务的需要，必须联合起来进行军事训练。并许下诺言，数日后组建民防协会，要人们普遍报名加入。转眼之间，那本小册子产生了意想不到的效应。我应邀主持民防协会的成立。我跟几个朋友拟好第一稿，就在方才提到的会堂里召开了公民大会。会堂里面座无虚席，同时事先准备了一些印发的文件副本，以及分发给与会人员的笔墨。我就防务问题向他们发表了简短的讲演，宣读议案后还做了解释，然后分发文件。结果谁也没有表示反对，个个竞相在议案上签了名。

散会后，我们收上来了文件，发现签名者竟然达到一千二百多名。同时也在乡村地区散发了文件，最后报名加入者接近一万

---

[1] 此处指1739—1741年之间，英国和西班牙两大国为了海上贸易争端而进行的战争。
[2] 约翰·托马斯（约1695—1774年），出生于安提瓜，后出任宾夕法尼亚总督（1738—1747年），退休后被授予从男爵的勋位。

余人之多。这些人自备武器，尽快组成连、团等编制，选择了自己的指挥官，每周集合教授军事条例，进行军事规范训练。妇女们自己也组织起来，向连队赠送了绸缎旗帜，上面印着我所提供的种种图案和格言。

这些连队组成了费城民兵团队。在指挥官会议上，我被推举为上校团长，不过，我自认为并不合适，所以谢绝了这一职位，但推荐了劳伦斯[①]先生。他是一个颇有影响的优秀人物，所以提名得到通过。紧接着，我又提出了发行彩票，用来支付在费城南部建造炮台和配备加农炮的开销。款项不日筹措就绪，炮台也很快竣工，雉堞之间的实墙用了圆木支撑，中间填的是泥土。我们又从波士顿购买了几尊旧炮；不过，这些尚不敷应用，于是我们致函伦敦再行订购。同时，尽管没有抱着过大希望，还是请求费城的领主给予某些帮助。

与此同时，劳伦斯上校、艾伦[②]先生、亚布拉姆·泰勒[③]和我一行四人，被民防协会派往纽约，向克林顿[④]总督商借几门火

[①] 托马斯·劳伦斯（1689—1754年），商人，出生于纽约，曾担任纽约市政官员等职，后出任费城民兵上校团长。
[②] 约翰·艾伦（1704—1780年），出生于费城，是当地最富有的公民。
[③] 亚布拉姆·泰勒（约1703—1772年），商人，大约于1724年移民费城。
[④] 乔治·克林顿（约1686—1761年），原英国海军军官，后于1743—1753年任纽约总督。

炮。起初，他不由分说拒绝了我们的请求，但跟他及其参事吃饭的时候，我们按照当时当地的风俗，喝了不少马德拉白葡萄酒，这时他的态度渐渐缓和下来，说可以借给我们六门。又有几杯酒下肚以后，他把数目增加到了十门。到了最后，他心情非常之好，做出让步说要借给我们十八门。火炮性能良好，配着车架，可以发射十八磅重的炮弹。所以立即运了回来，安装在我们的炮台上面。战争期间，由民防协会成员每夜守护。其间，我也像普通士兵一样，按时轮流值勤。在这些运筹当中，我的活动赢得了总督和参事的欣赏，他们与我推心置腹，每采取一项措施，都要征求我的意见。因为在他们看来，如果对采取的措施大家意见不谋而合，就会有益于民防协会的活动。为了在宗教上得到支持，我提议制定一个斋戒日，以促进我们的改革，祈求上帝保佑我的事业。他们采纳了这一提议，不过，由于这是本州拟设的第一个斋戒日，秘书在起草宣言时，没有先例可援。而我在新英格兰念过书，知道那里的斋戒日每年宣布一次。这一点在当时成了自己的一个长处。于是我按照传统格式，起草了文告，同时译成了德语。然后，用这两种语言印行，在全州予以公布。这就给各个不同教派的神职人员提供了机会，可以借此对自己的教友参加民防协会施加影响。倘若和平没有很快降临的话，那么除了教友派，在所有教徒中这种影响将是非常深远的。

有些朋友认为，我在这些事务中的活动可能触怒教友会，而由于他们在议会当中占了大多数，这样我将失去在里面的重要地位。一个在议会里也有结识了一些人的年轻绅士，想接替我充任议会秘书的职务。他向我透露，议会已决定下次选举时将我免职。因此，出于善意建议我提出辞呈，认为这样比罢免更能始终如一地保持荣誉。我给他的答复是，自己曾经在哪里见到或听人说过，有个公众人物制定了这样一个原则：不伸手要官，但有官运时也永远不会拒绝。"我赞成他的原则，"我说。"不过，实行起来还需略有补充：我永远不伸手要官职，也不拒绝官职，更不辞去官职。如果他们把秘书的职位安排给另外一个人，那他们从我手里拿去好了。但我绝不会辞官，从而丧失在适当时机报复对手的权利。"不过，后来再也没有听到人们提起这一点。下一次选举时，我同往常一样再次以全票当选。这可能是他们不喜欢我和参事过从太密的缘故吧。这些成员在一切军备的问题上，都与总督意见一致，长期掣肘了议会的手脚。他们自然乐意看到我自动离开参议会，但又不愿意而且也找不到能摆到桌面上的理由，而仅仅由于我热心于民防协会活动，就将我免职。

的确，我有理由认为，如果不要求这些教友会议员予以协助，他们不会反对国家防务。我还发现，他们许多人虽然反对侵略性战争，但并不反对防御性战争。这种人的为数之多，大大出乎我的预料。关于这一问题，出版了不少阐释正反两方面意见的小册子。其中，有些拥护防务的还是出色的教友派人士写的。我认为，这些小册子说服了大多数教友派里的年轻教友。

消防队里发生的一桩公案，使我深入了解了他们的普遍想法。有建议说，为了促进修筑炮台的工程，应该划拨出消防队现有的大约六十镑积蓄，用来购买彩票。但按照章程，必须在下月例会上通过建议后，方能动用这笔款子。消防队共计三十名成员，其中，教友会就占了二十二人，其余各教派只有八人。我们八个人准时出席了会议。虽然我们明白，有些教友会教友跟我们意见一致，但能不能形成多数，心里毫无把握。只有一个教友会教友詹姆士·莫里斯[①]先生，似乎不赞成这种做法，对于提出这一建议感到担忧。他说，"教友们"全都反对这样做，而这样做又将造成分歧，弄得消防队分崩离析。我们对他说，这样的事根本不会发生，因为我们毕竟是少数。假使"教友们"反对这一措施，投票压倒了我们的话，那么按照一切社团的惯例，我们应该

---

① 詹姆士·莫里斯（1707—1751年），知名教友派成员，议会议员。

而且必须服从。到了议事时刻，有人提议投票表决。那时，莫里斯先生同意我们照章办事。不过，他几乎可以肯定，有些成员是想参加会议表示反对提议的，所以提出略等片刻，等那些人来到才算公允。

我们正在就此争论不休的当儿，一个侍者跑上来对我说，有两个绅士在楼下想找我说话。我走下楼去，却原来是我们的两个教友会成员。他们告诉我，他们有八个人正在旁边的酒馆里碰头，必要的话，他们决定过来投票支持我们。不过，还是希望情况并非如此，希望我们不要他们帮忙就能够通过提议。因为，他们投票支持提议，将使他们同长辈和朋友们产生争执。这样，我们取得多数已经确定无疑。于是，我回到楼上，假装迟疑了一会儿，同意再推迟一个钟头。莫里斯先生觉得，这极为公平。然而，却没有一个持反对意见的朋友露面。他对此感到非常诧异。一个钟头过去后，我们以八对一的投票结果通过提议。因为，在二十二个教友会成员中，有八个准备投票赞成，还有十三个没有参加例会，显然说明他们并不想反对这一措施。事后我估计，真正反对防务的教友会成员的比例是一比二十一。他们都是消防队正式成员，有着良好信誉，同时知道这次例会建议讨论的内容。

一向是教友会成员的洛根①先生，光明磊落，是个饱学之士。他写了致教友会会员的演讲词，其中申明了他对防御战事的嘉许，还列举不少强有力的论据，来阐释自己的看法。他亲手交给我六十镑钱，购买彩票以备构筑炮台之用。还叮嘱说，无论赢得什么奖赏，都用于这项工程。就防务问题，他还跟我讲了他当年的主人威廉·潘恩②的一桩轶事。洛根先生年轻时，当过这位领主的秘书，跟着他一起从英格兰到美洲来。当时正值战争期间，一艘武装舰艇紧紧尾随着他们乘坐的船而来，于是猜想是一艘敌船。船长准备自卫，不过又告诉威廉·潘恩和他那伙教友会朋友们说，他并不指望着他们援手，可以统统退回船舱里去。他们退回了船舱，只有詹姆士·洛根例外，他执意留在甲板上面，于是给叫去守护一尊火炮。后来，发现那艘船原来是一艘友船，自然也就没有交火。这个秘书下去报告这一消息，结果威廉·潘恩狠狠训斥了他一顿，批评他不该违背教友会的教规留在甲板上，准备为保卫那只船出力，尤其是船长并没有提出这样的要求。这场当着众人的责难伤害了他，于是答道："我既然是你的

---

① 詹姆士·洛根（1674—1751年），学者，教友会政治家，深得富兰克林的敬重。他和威廉·潘恩于1699年来费城，半个多世纪以来，一直是政界领袖人物。
② 威廉·潘恩（1644—1718年），教友会创始人，宾夕法尼亚殖民地领主。

仆人，那你为什么不命令我下去呢？你觉得处境危险的时候，想必你非常希望我待在甲板上，跟那条船拼命的吧。"

我在议会供职多年，占多数席位的又一向是教友会的人，因此常常有机会目睹，国王为了战事需要下达巨额开支命令时，由于这违背了教友会的反战原则，使他们进退两难的情景。他们一方面不想直接拒绝，从而开罪于政府；另一方面也不想听命顺从，做出与自己原则背道而驰的决定，来触犯教友会团里的教友。于是，想方设法逶迤推脱，脱不了身时，便把自己的曲意奉承伪装起来。通常来说，最后的手段就是以"国王开支"的名目同意拨款，但从不过问款项到底花费在了什么地方。

不过，假如命令并非直接出自国王，这一名目就有欠恰当，到时还得捏造别的名目。比方说，当需要火药（我记得是路易斯堡军团需要火药），新英格兰政府请求宾夕法尼亚拨款，托马斯总督又十分火急，敦促议会决定时，他们就不能同意拨款购买火药，因为火药就是战争的一个因素。但同时投票同意援助新英格兰三千镑，交付总督支配，用以购买面包、面粉、小麦或者其他谷物。这时，一些参事为使议会进一步进退维谷，建议总督不要接受这笔款项，说这并不是他所要求的。但总督回答说："我得接受这笔钱，因为我完全明白他们的意思，所谓'其他谷物'指的就是弹药。"于是便用那笔款子购买了弹药，他们也从来没有表示反对。

这给了我们一个启示：在消防队里，当我们担心同意购买彩票的提案能否通过的时候，我跟一个"永图社"社员朋友辛格①先生说："假使不能通过，就动议用这笔钱购买一架救火机，教友会成员绝不会反对的。接着，如果你提我的名，我就提你的名，为此组成采购委员会，我们就去买一门火炮，这当然也是一架救火机呀。""我明白了，"他说。"你在议会里多年，难怪你学得这么机变。你这模棱两可的招数，刚好和他们的'其他谷物'相媲美。"

任何战争都有悖于法制这个原则，既然成为教友会确立并公布的教义之一，这就使他们陷入了进退两难的境地。一旦予以公布，事后尽管他们可能试想改变态度，也就无法轻易摆脱其制约。这使我想起了我们中间的另外一个教派——浸礼派。在我看来，他们行事比较精明谨慎。这个教派成立后不久，我认识了创始人之一的麦克尔·韦尔菲尔。他向我抱怨说，其他教派的狂热信徒诋毁中伤他们，指责他们信奉并实行可恶的原则，其实，他

---

① 菲力普·辛格（1703—1789年），银匠，1714年由爱尔兰来美洲。"永图社"最初成员，同时系许多其他民众团体的成员。

们根本不知道有这样的信条。我对他说，对新出现的教派来讲，遇到这种局面在所难免。我认为，他们要想遏制这种谰言，还不如索性把信条和教规公布出来。他说，这在他们教友中间提出来过，但没有取得一致的意见。个中原因是这样的："我们开头聚在一起结社时，"他说，"上帝感到喜悦，启迪了我们的心胸，看出了以往认为是真理的教义，其实荒谬绝伦，而以往觉得错误的，却原来是真理。这样，承蒙上帝不时的指引，我们心里愈发明理，我们的信条一直在改进之中，谬误也在不断减少。不过，我们现在还是不知道是否已经达到了进程的终点，不知道心灵的修习和神学知识的精进，是否已经完美无缺。我们害怕的是，一旦把信仰的教义刊印出来，可能会受它的束缚和禁锢，也可能不想再继续改进。而继承者则更是如此。他们会把先辈和奠基者所制定的信条奉为神圣圭臬，永远不能偏离。"

一个教派竟然如此谦恭，在人类历史上或许是绝无仅有的。而其他教派却自诩为把握了所有真理，认为那些有别于它们的教派，想必是荒谬错误的。这正像一个在大雾弥漫天气里跋涉的人，那些在他前面不远地方的路人，在他看来是迷失在了大雾当中，那些在他后面不远的路人，以及那些在他身旁田野里的人，也是如此。不过，在他附近的地方，却一切都清晰可辨，虽然实际上他和别人一样也淹没在了大雾当中。为了避免这种尴尬局面，近来教友会教友逐渐辞去了议会里的公职，以及行政长官的职位，他们宁可不要权力，也不放弃原则。

按照时间顺序，我前面就该说到，我在一七四二年发明了"开放式"火炉的事情。这种火炉取暖效果又好，同时又节省燃料，因为新鲜空气进来时就经过了预热。我做了个模型，送给我以前的一个朋友罗伯特·格雷斯先生，权当礼物。他开了一家炼铁作坊，结果发现，由于这种火炉的需求越来越大，他为火炉铸造的铁板颇能盈利。我为了推广火炉，增加对它的需求，又撰写、印发了一本小册子，题目是《新近发明的宾夕法尼亚火炉简介：详细介绍其构造及使用方法；证明其为最佳室内取暖工具；并回答反对使用这种火炉的意见等项事宜》。小册子发挥了很好的作用。托马斯总督看了其中的讲解后，对制造这种火炉十分赞赏，提议在数年的期限内，颁发给我专营销售的专利权。我谢绝了这个提议，原因是，每逢这种场合，我心里始终看重这样一个原则："我们既然得益于他人的发明，我们如有发明，能有机会造福他人，也应该感到高兴，而且应该慷慨而无偿地造福他人。"

不过，在伦敦有一个做五金买卖的商人，窃取了小册子里的不少内容，把它篡改为自己的东西。他对火炉稍加改动后，在那边获得了专利权。虽说改动损害了炉子的效能，却听说他因此捞了小小的一笔钱财。他人利用我的发明获取专利，这并不是绝无仅有的例子，尽管未必总是同样地成功。我自己不想利用专利权盈利，也不愿意和别人争执，所以从来没有提出过讼辩。这些火炉在本地以及临近地区的使用，为居民节约了而且现在仍然节约着大量木材。

终于复又归于和平，民防协会的事情可以暂告一个段落，于是我再次考虑起办学的事务来。采取的第一个步骤是，就这一计划联络积极支持的朋友，其中，大部分是"永图社"成员。接下来一步是起草并印行一本题名为《关于宾夕法尼亚青年教育的意见》的小册子。我在当地知名居民中间免费散发，不久，认为他们经过仔细阅读，心理上有所准备之后，就开始为创办、维持这样一个学院募集资金。捐款以五年为期，按平均值每年交付一定限度的款子。如果我没有记错的话，捐款总数不少于五千镑。但据我估算，捐款数目还要大，起码自己认为是这样的。

向别人介绍建议内容时，我总说这是热心公议事业绅士提出来的措施，并不是自己的倡议。我根据自己的一贯原则，在公众面前，尽量避免把自己表现为公益提案的创始人。

为了立刻实施计划，捐款人从他们中间挑选出了二十四名董事，指定我和司法部长弗朗西斯①先生起草学院管理章程。拟好章程，再由各位董事签署同意。然后租用了一所大房子，聘请了老师，学院开学上课。记得时间也是一七四九年那一年。

　　学生人数飞速增加，那所房子很快就不敷应用了。于是我们又去寻找位置近便的地方，打算兴建校舍。感谢上天的安排，在我们面前出现了一座现成的大房子，只需稍加改造，就完全可以用作校舍。这就是怀特菲尔德教士的教友所兴建的那座会堂，方才已经提到过。我们通过以下方式，得到了这座房子。

　　应该指出，这所房子是各个不同教派集资兴建的，交由董事会负责整个建筑和地皮的管理事宜。董事会成员是经过精心挑选的，免得有哪个教派占了优势，到时会有悖原来的宗旨，把优势当成是整座建筑挪作某一教派使用的手段。因此，决定每个教派推举一名董事，英国国教一名，长老会一名，浸礼会一名，莫拉维亚教②一名，如此等等。如因董事去世名额空缺，就从捐

---

① 坦奇·弗朗西斯（？—1758年），1741—1755年任司法部长，约于1700年来到美洲大陆。

② 莫拉维亚教，或称莫拉维亚兄弟会，其前身为波西米亚兄弟会，系基督教胡斯派后继者的组织，后经一系列更迭，成为现在的莫拉维亚教派，传入西印度群岛、美洲、亚洲和非洲。

款人中选举一人增补。事有凑巧,莫拉维亚教派的董事与同事们相处不睦,因此他去世后,便决定不再推举那个教派的人选。这就出现了一个难题:重新推选时,如何避免其他一个教派有两名董事。

提名了几个人选,但都因为这一理由未能获得同意。最后,一个董事提了我的名,说我为人诚实可靠,又不属于任何教派。这样一来,说服了各位董事,同意由我来继任。会堂刚刚兴建时,人们所抱的那股热情,如今早已销声匿迹,而董事们也无力回天,募集不到新的捐款来支付地租,以及偿还其他与会堂有关的债务,所以董事会的处境非常窘迫。从那时起,我既然成了会堂的董事,又是学院的董事,于是就有了同双方磋商的良机,终于让两方达成了一项协议。会堂交由学院董事会管理,后者承担会堂的债务,并根据兴建会堂的初衷,开放一间大厅,以供教士们不时使用,而且还要为贫困子女开办一个免费学校。起草字据,结算债务之后,学院董事会掌管了那座会堂。接着,又把挺拔高耸的会堂分成两层,上下两层再隔成几个不同院系,同时,还另外购置了一些地皮,整个工程很快就准备就绪,符合了办学的需要,学生们于是搬了进来。其间,和工匠们协商,购买材料,以及监督工程等操心事务,都落在了我的身上，但我也心情更加愉快地完成了这些工作。因为，就在一年前，我找到了一个非常干练、勤奋而诚实的合伙人大卫·霍尔[①]先生，所以这些工作并没有影响自己的个人业务。霍尔的为人品行，我非常了解，他曾经在我印刷所里工作了十年。他从我手里接管了印刷所的一切事务，准时支付给我应分得的红利。我们合伙经营了十八年，两人都获得了很大成功。

不久以后，校董事会获得了总督颁发的办学执照，还得到了英国的捐款和领主捐赠的土地，经费因此增加，议会也从那时决定追加拨款。这样，现今的费城大学就宣告了成立。我从一开始就出任学校董事，迄今已经近四十余年。目睹一批在这里受过训练的青年，由于才干的增长，为公共机构做出了贡献，为自己的国家赢得了荣誉，令我感到莫大欣慰。

正像前面所说，我从私人业务管理摆脱出来之际，自己不无得意的是，已经挣到了一份家业，虽算不上可观，但也足以维持生计，因此也就拥有闲暇，可以在余生寄情于哲理探究，自娱

[①] 大卫·霍尔（1714—1722年），生于爱丁堡。1748年起，开始与富兰克林合伙经营，直至去世。

自乐了。于是,我买下了从英国来讲学的斯彭瑟①博士的全部仪器设备,迅即开始了电学实验。可那时公众却认为我无所事事,总是抓住我不放,让我为他们效劳,还有政府的几乎每一部门也要我为其服务,同时分派给我责任。总督任命我在治安委员会任职,市政府推举我进了市参议会,不久又推选我当市府参议员,一般公民则推选我为大学举荐的州议员,以代表他们的利益。但自己对于后一个职务更加满意,因为,我终于厌倦了长期坐在议院里,聆听别人的辩论。我虽然身为议会秘书,并没有权利参与辩论。而辩论又往往枯燥无味,所以往往为了给自己解闷,不知不觉画起具有魔力的方形、圆形,或者不论什么图形来。同时,我认为当选州议员必然增加我从事善举的权限。当然,我也不否认,自己因为所有这些晋升而有点沾沾自喜。实现了心中的抱负,我自然欣喜若狂。考虑到自己入世时的卑微,能够晋升到这样的地位,对于我来说非常了不起。更叫我高兴的是,这也是公众对我良好评价的见证,而自己并没有觊觎这些职位。

---

① 阿奇博尔德·斯彭瑟(约1698—1760年),原为爱丁堡男助产士,后赴美洲做电学的巡回讲学。富兰克林于1743年在波士顿与他第一次会面。那时,他正在做"实验哲学讲座"。次年,又来费城讲学。[又:原文将其姓氏误为"Spence"(斯彭斯), 但应为"Spencer"(斯彭瑟),故这里予以订正。]

我还在不太长的时间内，尝试了一下出任治安法官的滋味。出席过几次庭审，还以法官身份当堂听取证词，不过，我发现要想胜任愉快，必须通晓普通法，但自己现在在这方面的知识还不敷应用。于是，便以在州议会还肩负着立法委员的更高职责为由，逐渐摆脱了这一职务。我每年被委以重任，当选州议员，接连达十年之久。其间，从来没有拉过选民的票，也没有直接或者间接地暗示自己想要当选的愿望。我取得州议会议员席位之日，也正是我的儿子被指定为议会秘书之时。

第二年，政府计划在卡莱尔与印第安人缔结条约，总督给州议会提交了一纸文书，建议议会指派几名议员，会同参议会参事作为谈判委员前往。议会委任议长诺里斯[①]先生和我来领衔。于是，我们动身赴卡莱尔，参加与印第安人的会谈。

由于那些印第安人酗酒成性，而且动辄酩酊大醉，聚众吵闹，扰攘不休，我们严禁出售给他们任何酒类，他们也因此对这一禁令满腹牢骚。我们告诉他们，如果在谈判期间他们能够不喝酒，事过之后，我们准备送给他们大量朗姆甜酒。他们答应下来，也履行了这一诺言，因为他们根本弄不到酒喝。后来，谈判

[①] 詹姆士·诺里斯（1707—1751年），著名教友派成员，议会议员。

进行得井然有序，缔结了双方满意的条约。过后，他们提出要酒时，我们便拿出朗姆甜酒给了他们。这是下午的事情。当时，他们男女老幼将近一百多人，居住在城外临时搭建成四方形排开的茅屋里。到了晚上，只听得他们那里人声鼎沸，委员们出去看看发生了什么事情，结果发现，他们在排成方形的茅屋中间，升起了熊熊燃烧的篝火，男男女女一个个都喝得酒酣耳热，正在争吵争斗着。他们那半裸的深色躯体，只有在抑郁篝火的照耀之下，才能依稀看清。他们手里高擎火把，伴随着可怕的号叫声，相互追逐，相互厮打，当时的那种情景，与我们所能想象出来的地狱极为相似。我们看到一时无法平息这种喧嚣和骚乱，只好回到下榻的地方。半夜时分，他们当中有几个人跑过来，雷鸣般地敲我们的门，索要朗姆甜酒喝，不过我们并没有理会。

第二天，他们明白过来自己的举止失于检点，打搅了我们，便派两个年长的族人给我们赔礼道歉。说话的人承认了过错，但却把这归咎于朗姆甜酒，接着，又竭力替酒开脱。他说："至伟至大的圣灵啊，是您创造了万物，为它们安排了各自的用处。无论安排了什么用途，都应该那样使用。如今既然酿造出了朗姆甜酒，所以圣灵说：'那就叫印第安人享用，一醉方休吧。'事情必然是这个样子的。"如果天意是消灭这些野蛮人，以便给土地的垦殖者让出地方，朗姆甜酒就是指定的手段，这并非是不可能的。那些原来居住在沿海一带的部落，已经全部消灭了。

一七五一年，我的一个不寻常的朋友托马斯·邦德[①]酝酿了一个项目：在费城兴建一家医院，来收治穷苦病人，无论是本地的，还是外乡的。这是一项非常有益的措施，虽然事后都把它归功于我，但其实最初是他提出来的。他对此非常热心，还为了募集资金而积极奔走，不过，由于这个计划以前在美洲闻所未闻，一时难以为人们完全理解，所以没有取得多少进展。

最后他找到我这里，恭维我说，他发现无论什么公益项目，没有我的参与，就根本无法付诸实施。"因为，"他说，"我找那些人募捐时，他们常常问我：'这件事你跟富兰克林商量过没有？他是怎么想的？'由于我私下猜想，这件事可能不对你的思路，所以对他们说还没有跟你商量过时，他们只是说愿意考虑考虑。"于是我询问了这一项目的性质和可能的用途，从他那里得到了十分满意的解释后，我不但自己捐了钱，还热心参与进来，

[①] 托马斯·邦德（1713—1784年），内科医生，宾夕法尼亚医院创办人，美洲"哲学学会"的最初成员，美洲第一位临床医学教授。他的弟弟菲尼斯（1717—1773年）也是内科医生，曾积极参与该医院的筹建。富兰克林一家医疗保健，就依靠他们两兄弟之一。

为他谋划，向人募集资金。募集开始之前，为使人们从心理上有所准备，我就这一题目写了一篇文章刊登在报纸上。这是我一贯的做法，但邦德却忽视了这一点。

此后，人们捐款放开了手脚，显得非常慷慨。然而，热情不久就开始消退了。这又使我认识到，没有州议会的援手，是难以筹措到足够资金的。因此，我建议向议会上书，于是呈递上了请愿书。但乡村议员起初对此并不欣赏，而是表示反对，说这个项目只让城里人受益，因此只应该由市民负担这项费用。他们还怀疑，即使是市民也不会普遍赞同这个计划。我的看法则完全相反，指出计划已经得到了普遍的赞许，募集到两千镑志愿捐款毫无问题。但他们还是认为，我的揣测是一种极端的奢望，根本无法兑现。

就此我又设想出一个办法，请求议会通过法案，按照捐款人请愿书的要求，把他们组织起来，口头上给他们一笔拨款。请求终于得到了认可。这主要是因为，议会假如认为法案不合意愿，他们还可以将它废弃。于是我起草了法案，把其中那项重要条款改为条件式条款，即："兹经上述权力机构（议会）决定，该项捐款者须开会选举其经理和财务主管，通过其捐助募集价值二千镑基金（其年息用于上述医院收容贫穷患者，为他们提供免费膳食、看护、治疗和医药），并须在取得议会议长对此项金额满意时，上述法案才告合法，也才有权要求议长签署法令，知会本州司库于两年内支付该医院财务主管两千镑款项，以供该医院奠基、兴建和竣工之用。"

这一条件使得法案获得了通过，因为，原来反对拨款的议员如今觉得，不用任何开支就可以博得热心慈善事业的名誉，也就赞成通过了法案。后来，在向人们募集过程中，我们觉得，既然每个人的捐款可以增加一倍，既然这一条款可以起到双向作用，所以十分强调这一在法律上有条件的允诺，把它当作动员捐款的额外措施。这样一来，捐款很快超过了所规定的数额，我们接着向政府提出要求，拿到了那笔官方捐赠，使我们能够把计划付诸实施。不久，一座漂亮而且实用的大楼便耸立起来。经过长期的亲身体验，人们终于发现了医院的用处，到了今天，医院的业务就更加繁忙了。我不记得以前自己使用过什么政治谋略。不过，这次的成功，却叫自己十分高兴。回想起来，虽说我略略使了点权术，但也更有理由替自己开脱。

大约也是那阵子，又有一个项目策划者吉尔伯特·坦尼特[①]牧师来到了我这里。他请求我协助他募集资金，为他所召集的长

[①] 吉尔伯特·坦尼特（1703—1764年），1718年由爱尔兰赴美洲，怀特菲尔德的朋友和同行，长期担任费城长老会教堂牧师。

老会教友兴建一座教堂。这些人原来是怀特菲尔德先生的信徒。我不愿意让本市的居民过分频繁地募款,而使自己让人厌烦,便断然予以拒绝。接着,他要求我给他一张名单,根据我的经验,把那些慷慨好施、富有公益精神的人的姓名开列出来。但那些人答应过我的请求,好心捐出了钱款,如今再列出他们姓甚名谁,让别的乞求者去纠缠,我还是觉得不妥,便也拒绝给他这样一个名单。最后,他要求我起码能给他提些忠告。"这我倒是非常愿意做的,"我说,"首先,我劝你向那些你觉得能捐点款的人去募捐;其次,向那些你没有把握能不能捐款的人去募捐,同时把捐款人的名单拿给他们看看;最后,也不能忽略了那些你认为不会捐钱的人,他们当中有些人,你也许会弄错的。"他笑容满面,向我表示感谢,说,一定接受我的忠告。于是,他照我的话去做,请求人人都来捐款,结果所得款项大大高于他原来的预料。他就用这些钱,修建了一座宽敞、雅致的教堂,教堂至今仍然矗立在拱门街上。

我们这个城市,虽然规划得整齐美观,宽阔而又笔直的街道,成十字形纵横交错,但由于长期以来没有铺设路面,因而名声不佳。逢到雨天,沉重的车轮把路面轧得泥泞不堪,让人难以穿行,而每逢天气干燥时,飞扬的尘土又咄咄逼人。我在叫作泽西市场的附近住过，目睹居民为了采购物品在泥浆中跋涉的情景，心里十分难受。后来，终于用砖铺设了市场中央一带。这样，进了市场就有了落脚的地方，但要想到那里，鞋子还是常常沾满泥浆。为了这件事，我发表过讲演，写过文章。这样，就促使有关部门沿着临街的房屋，在市场和砖铺路面之间又铺上了石块。一时之间，人们可以走到市场，而又弄不湿鞋子了。但是，大街的其余路段还没有铺设，每逢车辆从泥泞中驶到这段铺过的道路时，泥浆落到上面，不久又满地泥泞，那时城里还没有清道夫，泥土便淤积在那里。

为此我做了些查访，找到了一个勤奋的穷人。他愿意每周打扫街道两次，把附近住户门前的泥土运走，保持铺设路面的清洁，但每户每月需交给他六个便士。接着我写了一篇文章发表出来，列举了这笔不大的费用为附近住户带来的各种益处：由于人们脚底下不再把泥土带进家来，更容易保持室内清洁；由于顾客更容易光顾商店，有利于商店的业务；刮风时，也就不会把灰尘刮到货物上面；等等。我把文章分发给每个住户，过一两天再去询问，有哪家愿意签署协议支付六个便士。结果人们一致签署了协议，而且一段时期之内执行得很好。市场周围铺过的路面这样的清洁，城里所有的居民都欢喜雀跃。这样一来，让人人都得到了便利，因此人们一致要求，把所有街道都铺上路面，他们也更愿意为此交纳赋税。

经过一段时间，我草拟了一项铺设全市街道的议案，提交给了议会。那时，恰逢我赴英国之前的一七五七年，议案获得通过，却是我离开美洲以后的事情了。不过，在税额评估方式上做了一些修订，同时附加上了照明的条款。我认为，前者并不很好，但后者却是个很大的改进。路灯照明的用途，是由已故的、不大出头露面的约翰·克利夫顿先生以他个人的做法证明了的。他在门前挂了一盏灯，于是第一次让人们想到了在全市点灯照明的主意。人们把这一公益措施的荣誉也归之于我，实际上，应该属于克利夫顿先生。而我不过效法了他的做法，唯一能算作自己功劳的，只是与起初伦敦供应的圆球形路灯相比，我们的路灯形状有所不同罢了。那些路灯有这样一些不便的地方：空气从下面进不来，煤烟无法轻易从上面排出去，只是停留在圆球形灯罩里来回飘荡，附着在灯罩上，很快把光线挡住，所以灯光就不如想象的那么亮了。另外，还需要每日清洁擦拭，十分麻烦；一不小心就会捅个粉碎，完全没有了用场。因此，我提议用四块平面玻璃拼接，上面安一个细烟囱，把煤烟吸上去，下面留出进气的缝隙，帮着煤烟朝上冒出去。这样一来，灯罩干净了，不像伦敦路灯那样，用不了几个钟头灯光就暗了下来，可以通宵明亮，照到次日天明。即便偶然碰一下，一般也只会弄碎其中的一块，重新修补起来，也不用费事。

有些时候叫我不解的是，沃克斯霍尔镇[①]使用的街灯，都在圆球形底部留着小孔，可以有效地保持清洁，可是，伦敦人为什么没有学到这一点，也在底部留个孔呢？不过，这些孔还有别的用处，拴上麻线从孔中耷拉下来，就可以把灯芯迅速点着。另外一个用处，就是让空气从这里进来。但他们好像并没有想到后一用处，因此伦敦街头的灯火，亮不了几个钟头，就暗淡下来。

提起这些改进，我想起了在伦敦时向福瑟吉尔[②]博士提出的一项建议。他是我所认识的人当中一个出类拔萃的人，也是公议事业的积极倡导者。我注意到，伦敦的街道从来没有人打扫，干燥天气里，飞扬的尘土越积越多，雨天一来就变成了泥浆。过不了几天，铺设过的街道上那厚厚的污泥，叫人根本无法走路，只好叫穷苦的人清扫出小路才成。但这需要费很大的力气才能把污泥收拢起来，丢进敞篷车里运走。然而，随着车子一路颠簸，污

[①] 沃克斯霍尔镇位于泰晤士河南岸，著名的科文特花园就坐落在附近。
[②] 约翰·福瑟吉尔（1712—1780年），医学博士，做过富兰克林的保健医生，还曾经为富兰克林的《电学实验与观察》做序（1751年）。

泥又从车子两侧甩到地上，给步行的人带来诸多烦恼。而不清扫落满尘土街道的原因，据说是，那样一来尘土就会飞进店铺和住宅的窗户里去。

一个人在不长时间里能够打扫多少路面，是一件偶然发生的事情让我得知的。一天早晨，我在下榻的克雷文大街住所门口，看见有个贫困妇人手里拿一把桦木条扫帚，正在打扫人行道。她看起来脸色苍白，身体孱弱，仿佛刚刚大病了一场似的。于是我问她，是谁雇她打扫街道。她说："谁也没有雇我。可我穷，没有吃没有穿，在富贵人家门口扫扫地，指望他们施舍我点东西。"我说她要是把整条大街都打扫干净，就给她一个先令。那是九点钟的事，到了十二点，她就来讨那个先令了。从她刚才慢腾腾干活的情况看，我不大相信她会这么快扫完，便派仆人前去检查。仆人回话说，整条大街扫得干干净净，尘土也全给扫进了街心的阴沟里。这样，等下了雨，就会给冲得一干二净，甚至人行道那个阴沟也会非常清洁。

我由此判断，假使一个瘦弱的妇人也能够用三个钟头打扫完这样一条街道，强壮敏捷的男子用一半时间就行了。写到这里，我想说一说这么狭窄的街道只需在中间修一条阴沟，而不用在两边靠近人行道的地方各修一条的好处。落在路面上的雨水，会向中间汇集，形成一股有力的水流，能把所到之处的淤泥冲走。如果分成两股水流，往往力量不够，哪一条阴沟里的淤泥也冲不干净，只能使泥浆变得稀薄，容易流动。那样，车轮和马蹄就会把泥浆溅到人行道上，因而弄得上面肮脏、湿滑，而且有时还能溅到行人鞋子上面。我向博士提出的建议是这样的：

为了使伦敦和威斯敏斯特区[①]清扫工作进行得更加有效，街道能够保持清洁，特提议责成几名更夫签署合同，负责在干旱季节清扫尘土，其余时节铲除淤泥，每人承包自己巡逻的那几条街巷。在他们巡逻的各自场所，均应配备扫帚以及其他适当工具，以供他们所雇用的扫街穷人使用。

在干旱的夏季月份，宜在店铺通常开门营业和住户打开窗户时间以前，把尘土每隔适当距离收拢成堆，等待由清道夫用加盖大车运走。

淤泥则不宜聚拢成堆放置在大街上，以免车轮的碾压和马蹄的踩踏弄得四处飞溅。同时应为清道夫配置车

---

① 威斯敏斯特区，伦敦市中心的一个区，位于泰晤士河北岸。这里有包括议会大厦和白金汉宫在内的不少著名建筑。

厢，置于低矮的滑板上，而不是安装在高大的车轮上；车厢底部制成格状，并覆盖稻草，既可以留住淤泥，又可以让水从里面流出来。这样，淤泥的分量可以大大减轻，因为水分占了泥浆的大部分重量。车厢宜放置在适当的距离，待清道夫用手推车将泥浆运来，再等排干水分，即可套上马匹拉走。

不过，总体来说，我对于建议后半部分的可行性，一直有些怀疑。原因在于，有些街道十分狭窄，停放除泥滑板车后，保持交通畅行无阻非常困难。但我至今还觉得，要求在长长夏日里，赶在店铺开门以前，把尘土打扫干净的前半部分建议，仍然完全切实可行。有一天早晨七点钟，我沿着滨河大道①和舰队街②漫步，没有看到哪家店铺开门，虽然天光已经大亮，太阳升起了三个多钟头。你瞧，伦敦市民竟然甘愿秉烛生活，白昼睡觉，还常常令人啼笑皆非地抱怨，说蜡烛税和蜡烛价格太高了。

有人可能觉得，这都是些小事，不值得一提或者不值得为此

---

① 滨河大道，系伦敦市中区一主要街道，它把伦敦老城和西区连接起来。一些大剧院、旅馆和高级商店即位于这条大道之上。
② 舰队街，伦敦市中区报馆集中的一条街道，又译弗利特大街。

大伤脑筋。可是，当人们考虑到，刮风天气里，灰尘吹进一个人眼睛里，刮进一家店铺窗户里，尽管无足轻重，但在一个人口众多的城市里，这样的事情就是个大数目，再加上不断的重复，情况就会恶化，造成严重后果。那样，对于稍加关注似乎不足挂齿的琐事的人，他们或许就不会苛责了。人类的福祉，并非源于少而又少有的洪福，而是源于日复一日那些不起眼的益处。比方说，你教一个贫困的青年学会自己怎样刮脸，怎样养护剃刀，你给他生活中增添的幸福，甚于给他一千畿尼。给青年的钱可能很快花光，留下的只是把那笔钱挥霍一空的懊悔。但在另外一种情况下，他却不必因等待理发师而徒增烦恼，不必接触他那有时肮脏的手指，闻到那令人不快的口臭，忍受那钝滞剃刀的折磨。他什么时候方便，就什么时候刮脸，每天享受着用锋利剃刀刮脸的乐趣。我就是怀着这些想法，大胆写下了前面的建议，希望有朝一日对我在其中欢乐地居住了多年而又热爱的城市提供一些参考，对我们美洲的城市，或许也不无好处。

我曾经受雇于美洲邮政总长，有一段时期出任其审计官，负责协调几个分局的业务，听取它们长官的述职。一七五三年他去世后，我和威廉·亨特[①]先生受英国邮政大臣委任，共同接替他

[①] 威廉·亨特（死于1761年），除与富兰克林共事外，还出版过历书和《维吉尼亚公报》。

的职务。直到那时为止，美洲邮政局没有向英国邮政部交纳过任何收益。假如我们能够从邮政局利润中划拨出六百镑，那么，这笔款项就是我们两人的年薪。为了做到这一点，我们进行了各种各样的必要改革。起初，其中有几项难免开销较大。因此，前四年邮政局欠了我们九百多镑的薪水，但没过多久，局里就开始归还我们。在我因为各个大臣的奇怪举动而被免职前（这一点，以后我还要说明），我们已经使邮政局向英王交纳的净税入，相当于爱尔兰邮政局的三倍。然而，自从轻率把我免职以后，他们所得到的税收，连一文钱都没有！

那一年，由于邮政局的事务，成就了我的新英格兰之行。在那里，坎布里奇学院①出于他们自己的动议授予我文学硕士学位。在那以前，康涅狄格州的耶鲁学院②也对我表示了同样的敬仰。如此一来，我虽然没有念过大学，却分享了它们的荣誉。这些学位之所以颁发给我，是由于我在自然哲学的电学分支领域所做出的那些革新和发明。

---

① 坎布里奇学院，哈佛大学前身，因坐落于马萨诸塞州的坎布里奇而得名，成立于1636年。，1638年，以其最早赞助人约翰·哈佛的名字改为哈佛学院。
② 耶鲁学院，耶鲁大学前身，1701年成立，1718年，为纪念起赞助人伊莱休·耶鲁而重新命名。

第九章

　　一七五四年,与法国的战事再次风声鹤唳,迫在眉睫①。商务大臣命令各殖民地派专员在奥尔巴尼集合召开大会②。在那里与六个印第安人部落酋长讨论防卫他们领地和我们疆土的事宜。汉密尔顿总督接到命令,随即知会州议会,要求他们为印第安人准备适当礼品,在会上赠送给他们。同时,指定议长诺里斯先生和我,会同约翰·潘恩③先生和秘书彼得斯先生,以专员身份代表宾夕法尼亚州与会。议会对于不在本州磋商虽然感到不满,还是同意任命并且提供了礼品。六月中旬左右,我们赶赴奥尔巴尼

---

① 指英国与法国和美洲印第安人之间的战争。
② 即历史上的奥尔巴尼大会,主要议题是讨论与印第安易洛魁族人的关系问题。
③ 约翰·潘恩(1729—1795年),宾夕法尼亚殖民地领主威廉·潘恩之孙,1752—1755年在宾州居住,曾出任州参议会参事。

同别的专员聚齐。

旅途上我起草了一项计划，成立全美殖民地联盟，由共同政府统一领导，以便必要时指挥防务以及协调其他重要事务。我趁路过纽约的时候，把这项计划提请詹姆士·亚历山大[①]先生和肯尼迪[②]先生过目。两位谙熟公共事务绅士的赞赏，增强了我的信心，于是大胆呈交给了大会。那时，据传还有几位专员也拟订了同样的计划。会上讨论的第一个问题，就是成立联盟是否必要。这个问题获得了肯定，一致通过。接着任命了委员会，由每一个殖民地各派一名成员组成，对几项计划加以审议，并向大会汇报。大会最终选择了我所提出的计划，附带上几处修订意见后，提交大会讨论。

按照这项计划，共同政府由国王委任并信任的总理负责。另外成立一个参议大会，由各殖民地议会的人民代表选举产生。对于这一点，以及有关印第安人的事务，大会日复一日进行辩论。会上，困难重重，不同意见层出不穷，但最后还是一一克服，计

---

① 詹姆士·亚历山大（1691—1756年），政治家、数学家，纽约州和新泽西州律师。同时是美洲"哲学学会"最早成员之一。
② 阿奇博尔德·肯尼迪（1685—1763年），纽约参议会参事，曾就印第安人事务及殖民地的事务撰写过数本小册子。

划终于获得全体通过。接着，根据命令又把副本呈交商务部和各个殖民地议会。然而计划的命运却让人感到匪夷所思，各州议会没有通过，它们觉得太过专断；英国一方却认为太过民主。商务部因此没有同意，也没有推荐给国王陛下首肯。而是又草拟了一项提案，据说可以更好地达到同样的目的。按照这一提案，各州总督需偕同各自参事召开会议，下达征募军队、修建工事等事宜的命令。所需开销向英国支取，事后再由英国国会制定法案，以在美洲征收赋税的方法予以偿还。我所提出来的计划以及支持计划的理由，可以在我出版的政治论文里看到。

那年冬天将近时，我正滞留在波士顿。就这两项计划，我和谢利[①]总督进行了深谈。我们之间取得的一致意见等方面，也可以在政治论文中找到。那些不赞同我这项计划的不同意见，以及反对意见，反而使我相信，这个办法真正可行。迄今我仍然认为，假如获得通过，大洋两岸都会感到高兴。各个殖民地这样联合起来，力量就会强大起来，能够进行自卫，也就没有必要从英国派遣军队。自然也就不必向美洲课以赋税，而那场血腥的战争，也会因此得以避免。然而，这类错误并不少见，从历史上

---

① 威廉·谢利（1694—1771年），伦敦资深律师。赴波士顿后，曾任种种公职，后于1742—1751年出任总督。与富兰克林一样，对于成立联盟深表赞同。

看，国家和帝王的失误可谓不计其数。

　　环顾人世间，知晓何谓善。
　　而又从善者，多么少见！

　　那些治理政府的人，手头有那么多的事情需要办理，一般来说，都不愿意考虑新的措施并付诸实施，从而惹是生非。因此，那些最佳行政措施的采纳，多半不是出于事先的睿智卓识，而是迫于形势不得已而为之。

　　宾夕法尼亚总督对于我的计划表示赞同，于是送交给了议会。他还表示，"在他看来，它的起草思路清晰，判断极为有力，所以予以推荐，值得密切关注，审慎处理。"不过，议会由于某几个议员的操纵，在我不巧缺席的情况下，审议了我的计划。这让我觉得十分不公平。同时，根本没有经过任何研究就否决了它，使我蒙受了很大耻辱。

　　这一年，我赶赴波士顿的途中路过纽约时，遇到了刚刚从英格兰来美洲的新总督莫里斯[①]先生。以前，我跟莫里斯先生过从

[①] 罗伯特·亨特·莫里斯（约1700—1764年），生于纽约，在新泽西州长期从事政治活动，1738—1764年出任首席法官。在1754—1756年任宾夕法尼亚州总督期间，在纸币、防务和领主田产的赋税等问题上，与议会产生了激烈争执。

甚密。他随身带着一纸委任状，前来接替汉密尔顿先生的职务。后者由于领主的指手画脚，陷入自己十分厌倦的争端，辞去了总督的职务。莫里斯先生问我是不是认为他的执政也会这样棘手，应该有所准备。我说："不，刚好相反。如果你小心翼翼，不与议会发生任何争执，那你执起政来就顺心如意了。""我亲爱的朋友，"他兴冲冲地说，"你怎么能劝我避免争执呢？我喜欢争论，这是我最大的乐趣所在，你是知道的。不过呐，为了尊重你的劝告起见，我答应避免，如果能够的话。"他口才雄辩，谈锋甚健，争辩起来一般都能取胜，所以乐于恃才辩论。他从孩提时代起，就是这样培养大的，我听别人说，让孩子们饭后围坐在餐桌旁边，相互争论，这是他父亲一向的习惯，并以此作为消遣。但是，我觉得这种做法并不明智。因为，根据我观察，辩论、批驳和驳倒他人的人，往往事后会遇到不测的事情。他们一时可能赢得胜利，但永远得不到人们的欢心，而只有人们的善意才是更有价值的东西。于是我们分了手，他奔费城而去，我则赶往纽约。

归途中，我在纽约看到了宾夕法尼亚州议会的投票结果。看起来，尽管莫里斯向我做了承诺，可是他同议会的关系已经处于剑拔弩张的紧张状态。而且，在他留任期间，这种论战从来没有停歇过。我自己也参与了论战。我刚一回到议会的席位上,他们就要求我参加各种委员会,对他的演讲和咨文予以回击,委员会又总是要我来起草文稿。我们的回复,还有他的咨文,往往非常尖刻,有时甚至是漫骂诽谤。他知道这都是我替议会捉的笔,所以人们往往以为我们两人会闹翻了天。然而,他是一个性情友善的人,争执并没有影响我们之间的私交,甚至常常在一起进餐。

就在这场公开争论处于高潮期间,有一天下午,我们两个人在大街上见了面。"富兰克林,"他说,"今天晚上,你得到我家里去。我邀了几个人,你一定喜欢的。"说着,他挽起我的胳臂,拉着我到了他家里。晚饭后,我们一边喝着葡萄酒,一边兴致勃勃地闲聊。这时,他开玩笑似的对我说,他非常欣赏桑丘·潘查①的看法。有人提议让桑丘·潘查领导一个政府的时候,他提出要求说,可能的话,就让他治理一个黑人的政府吧。这样,要是他跟人民意见不合的话,就可以把他们卖掉。接着,一个坐在我身边的莫里斯的朋友说:"富兰克林,你干吗总是跟那些教友派的人坐在一条板凳上呢?卖了他们不更好吗?领主肯定能出个好价钱。""莫里斯总督还没有把他们抹黑了哪。"我

---

① 桑丘·潘查,西班牙作家塞万提斯长篇小说《堂吉诃德》中的一个人物,主人公堂吉诃德的侍从。

说。的确，莫里斯在他所有告白里，一直在拼命往议会脸上抹黑。不过，他刚刚抹黑了，议会就把颜色擦了去，而且，回手又在他脸上抹上一层厚厚的黑色。结果发现，他自己倒可能给涂抹成了黑人，所以，和汉密尔顿先生一样，他也厌倦了争论，放弃了治理政府的公职。

这些有关公共事务上的论辩，说到底，要归咎于那些领主，他们才是世袭罔替的总督。每当他们州份需要防务开支，他们会使出难以置信的卑劣手段，教唆自己的代表不要通过征收必要赋税的法案，除非在这一法案里，他们广袤的田产明文规定免于征税。他们甚至还跟自己的代表订立契约，要他们唯命是听。虽然议会最后屈服了，但还是坚持了三年，以与这种不正义的现象相抗衡。后来，接替莫里斯出任总督的丹尼[①]上尉却非常大胆，决心拒绝听命于那些领主。至于这件事究竟是怎么样发生的，下文还要说明。

关于我自己的经历，也许讲述得快了些。在莫里斯总督执政期间，还发生了一些别的事件，也需要交代一笔。

从某种意义上说，那时与法国的战事已经爆发，马萨诸塞

[①] 威廉·丹尼（1709—1765年），英国军队上尉，1756年赴宾夕法尼亚州任总督。

湾①政府计划攻打王冠岬②，于是派遣乔塞亚·昆西③先生前赴宾夕法尼亚，托马斯·鲍纳尔④先生也就是后来的鲍纳尔总督前往纽约，去请求援助。当时我是议会成员，熟悉里面的情况，同时又是昆西先生的同乡，他便找到我，要我利用自己的影响，请求予以协助。我向议员们口述了他的致辞，受到了他们的热烈响应，表决同意提供一万镑的援助，用以购买给养。可是，总督拒绝他们这项议案（其中，还包括供国王陛下使用的几笔款项），除非增加一个条款，豁免领主田产承担这项必要税收的所有部分。议会虽然非常希望使这项给新英格兰的赠款生效，至于如何了结，却无所措手足。昆西先生使出浑身解数，想换得总督的首肯，但总督还是寸步不让。

于是，我提出了一个办法，绕过总督，由公债经募处董事会发行汇票，来了结这件事情。根据法律，议会有权提取这笔款项。实际上，当时公债经募处也没有多少钱，因此我又提出汇票

---

① 这里指当时英国在新英格兰唯一经过皇家特许的殖民机构马萨诸塞湾公司。
② 王冠岬，位于纽约东北尚普兰湖附近的避暑胜地。法国人于1731年在这里修筑堡垒，因此在和印第安人的共同战斗中，曾经于1755—1756年间成功抵御了英军的进攻。
③ 乔塞亚·昆西（1710—1784年），波士顿商人，富兰克林的好友。
④ 托马斯·鲍纳尔（1722—1805年），1753年来纽约，1757—1760年任马萨诸塞州总督。

可在一年之内兑现，承担百分之五的年息。有了汇票，我觉得就可以轻而易举地购买给养了。议会几乎没有犹豫就采纳了建议。接着即刻开始印制汇票，我则在负责签署、发行汇票的委员会里担任委员。兑付汇票的基金，来源于那时州里现存纸币的放贷利息，以及消费税的税收。两项基金足以兑付汇票，且还有盈余。于是，汇票赢得了信誉，不但可以购买给养，还有些富有的人，如果手头有闲置的现金，就投放在这些他们认为有利可图的汇票上面。一来持有汇票可以生息；二来可以随时随地当作货币使用。因此，他们踊跃认购，不出几个礼拜，市面上再也见不到有汇票发行。如此一来，这一重大事务就用我的办法得以妥善解决。昆西先生赠送给议会一件精美的礼品示表示感谢。他的使命成功了，于是欢天喜地返回马萨诸塞湾去。从那以后，他与我结下了诚挚而亲密的友情。

但英国政府不拟根据奥尔巴尼会议的建议，允许由各个殖民地成立联盟，并委托联盟管理防务，其原因在于，唯恐殖民地因此增强军事性质，力量会更加强大。而在那个时期，这正是英国政府心怀猜忌和疑虑之所在。为此，派遣了布雷德多克[①]将军率

---

① 爱德华·布雷德多克（1695—1755年），英国军队少将，1755年以总司令身份，带领部队在弗吉尼亚登陆。

两个团的英国正规军,前来美洲驻扎。他由弗吉尼亚州亚里山德里亚港登陆,接着向马里兰州的弗德里克城进发。在那里,他们停顿下来,等候车马运送辎重。我们议会得到消息说,他对议会怀着极端偏见,不愿意承担这里的防务,因此十分担心。议会希望我以邮政总长身份,而不是议会派出的代表去拜访他。伪称:鉴于他有必要和这几个州的总督始终保持联系,这次前去就是为了他和他们之间,快速、准确传递信件的方式提出建议。议会还提出,通信费用由他们来承担。此行,一路上由我儿子[①]陪同。

在弗德里克城,我们见到了这位将军。当时,他正等待着派往马里兰和弗吉尼亚偏僻地带征集车辆的人员回来,心里很不耐烦。我和他一起待了几天,每日共同进餐,有了足够机会来消除他对议会的偏见。我告诉他,为了协助他的军事部署,在他亲自到达以前,议会已经做了什么事情,以及还愿意做些什么事情。临别时,他们带回来了征集到的车辆,但总共只有二十五辆,而且,似乎并不是所有车辆都可以使用。将军和其他军官感到十分意外,宣称这次远征无法进行,只能到此为止。同时,大声抱怨大臣们一无所知,把他们派遣到一个缺少运送军需和辎重工具的

---

① 此处指富兰克林的长子威廉·富兰克林。

地方来，因为他们必须征用一百五十辆马车才能开展部署。

我这时不经意地脱口说，遗憾的是，他们没有在宾夕法尼亚登陆，要是在那里，几乎每一个农夫自己都有马车。将军抓住了我这句话，急切地说道："那么，阁下，既然你是这里有影响的人，也许能够弄到这些车辆。那我就请你费心吧。"于是我问，能够给予车主什么条件，他叫我把我自己认为必要的条件，在纸上写下来。我写下来后，他一律照准，接着准备好了委任状和各种须知事项。到底有多少酬金，我一到兰开斯特[①]，就在刊登出来的告白中做了说明。告白一经刊出，立即产生了巨大效果，可以说是一种罕见的告白，所以想抄写在下面：

告白

兹因国王陛下之部队即将在威尔河湾附近集结，需要四套马车一百五十辆，驮马一千五百匹，布雷德多克将军阁下特别准予授权于本人，经办租用上述车马事宜，故特此周知。本人将从今日起至下礼拜三晚在兰开斯特，从下礼拜四早至下礼拜五晚在约克，专俟办理租

[①] 兰开斯特，与下文所提到的约克和坎伯兰三地，均系宾夕法尼亚州的三个县份。

用车马或者马匹等项事宜。佣金规定如下：

一、配备五匹良马和车夫的马车，每车每日津贴十五先令；配有驮鞍或其他驮具的良马，每匹每日津贴二先令；无驮鞍的良马，每匹每日津贴十八便士。

二、津贴日期从到达威尔河湾部队驻地之日起结算，但必须于五月二十日或者此前到达。停止租用时，将根据车马前往驻地以及返回家乡所需时间，给予适当补贴。

三、每套马车、每匹驮马，均由本人和主人挑选的中间人予以估价，执行任务中，车辆或者马匹如有损失，将照价赔偿。

四、马车和马匹主人一旦签约，如有必要，可提前支付七日津贴，由本人亲自交付车辆或者马匹主人。余额将于任务完成时，或者在需要解约时，由布雷德多克将军或其军需官支付。

五、无论遇到何种情况，车夫或者照料马匹的马夫一律不履行士兵的义务，或者执行照料车马以外的任务。

六、车辆或者马匹带入军营的燕麦、玉米或者其他饲料，除马匹所需之外的多余部分，按合理价格付款后挪作军用。

备注：本人之子威廉·富兰克林同时得到授权，将在坎伯兰县与任何人签署相同条款的合同。

本·富兰克林
一七五五年四月二十六日
于兰开斯特

致兰开斯特、约克和坎伯兰各县居民书

朋友们、同胞们：

不久前，本人偶然在弗德里克营地逗留了几天，得知驻扎在那里的布雷德多克将军及其军官们，因为征集不到车辆和马匹而非常恼怒。因而期待着本州提供这些装备，认为我们最有可能完成。然而，由于总督与议会之间的分歧，既没有为此给予拨款，也没有采取其他措施。

故而有人提议，立即派遣部队进入这些县份，强行

征用所需数量的车辆和马匹，同时强制所需数目的人员驾驶并照料车辆和马匹。

鉴于这一情形，特别是考虑到英军士兵的心情，以及他们对我们的怨恨，本人十分担心，他们在这些县份所到之处，可能给居民带来诸多程度严重的不便。因此，本人不惮劳烦，愿意首先力求以公平合理的方式加以解决。这些偏僻县份的居民，近来还向议会抱怨，缺乏所需要的足够的现金。然而，你们现在就有一个大好的机会，来获得并共享一笔可观的现金。因为，这次远征极有可能费时一百二十余天，而租用车辆和马匹的酬金将高达三万镑，由国王陛下用金银币支付。

而这次所执行的任务却轻而易举，部队每日的进程不超过十二英里，车辆和驮马所运输的又都是维持军队的必需物资。所以，可以随部队前进，不必太快，同时为了军队的需要，无论在行军还是扎营期间，总会安置在最安全的地方。

我相信，你们是国王陛下优秀而忠实的臣民，果然这样的话，现在你们就可以为完成一项最受人欢迎的任务去效力，而且可以从容不迫地完成。凡因种植园活计忙碌无法单独提供一辆四套马车和车夫者，可以三四家联手：一家出车，另一家出一两匹马，还有一家出车夫，所得酬金由你们按比例分成。不过，假若得到了这样优厚合理的条件，你们仍然不去为国王和国家效力，那你们的忠心就会受到强烈质疑。国王的任务必须执行。为数众多的士兵千里迢迢来保卫你们，绝不能因为你们逡巡不前，逃避分内理应做的事情，而无所作为。因此，车辆和马匹必须征集到手。不然，就有可能采取强制手段，届时你们就落得个再想要求补偿，想得到原本可以得到而现在却得不到补偿的下场，那就几乎没有人同情你们的处境了。

  我在此事当中，没有任何特殊利益可言。除了满足自己努力向善之心，只是呕心沥血，备尝艰辛而已。假使这一征集车辆和马匹的方法不能奏效，我将于十四天后通知将军。那时，我担心轻骑兵约翰·圣克莱爵士就会带领一队士兵开赴本州，来征集车辆了。而这是我自己所不愿意听到的，因为我是你们非常真挚而又忠诚的朋友。

本·富兰克林

我从将军那里领到的钱大约有八百镑，作为支付车主们的预付款项，不过，这笔钱并不够用，于是我自己又垫付了二百镑。两个礼拜以后，一百五十辆马车和二百五十九匹驮马一路开赴军营。《告白》上曾经许下过诺言，说车马如有损失应按估价赔偿，但车马主人扬言说，他们并不认识布雷德多克将军，也不知道他的诺言是不是可靠，所以务必要我签约来履行诺言，我只好照办。

我待在军营期间，有天晚上跟邓巴①上校率领的那个团的军官吃饭，上校对我表示了他对自己副官们的担忧。他说，他们大多并不富裕，在物价昂贵的这一带地方，买不起以后在旷野里路途漫漫的行军当中所需要的用品，而沿途又无法买到。我同情他们的处境，决心设法替他们弄到一些补给。不过，我当时什么也没有说。第二天上午，我写了一封信，送给议会里有权发放公共经费的委员会，热诚希望他们考虑那些军官的情况，建议赠送给他们日常用品和食物点心，当作礼物。我儿子了解一点对军营生活和所需物品的情况，替我开了一个清单，我随信附在里面。委

---

① 托马斯·邓巴（死于1767年），英军地四十八团上校团长。与布雷德多克将军不和，布雷德多克将军死后，暂时代理他的职务。1758年晋升少将，1760年晋升中将。

员会表示同意，悉心办理完备，并由于我儿子的张罗，那批用品与征集的车辆一起到达了军营。用品总共二十包，每包里计有：

块糖六磅	格洛斯特硬干酪一方
粗砂糖六磅	优质黄油一桶（二十磅装）
绿茶一磅	马德拉白葡萄酒陈酿二打
红茶一磅	牙买加酒二加仑
研磨咖啡六磅	芥末粉一瓶
巧克力六磅	精制火腿二支
上等白饼干半英担	风干牛舌半打
胡椒半磅	大米六磅
白醋一夸特	葡萄干六磅

这些物品包好后，放在二十匹马上。每匹马驮一包，打算作为礼品一同送给每一个军官。军官们收到后十分感谢，两个团的上校也都给我写信来，用感佩至深的言辞对这一善举表示谢意。还有布雷德多克将军，也对我替他弄到车辆的举动极为满意。他即刻结算了我垫付款项的账目，再三向我致谢，并要求我继续给予协助，替他运送给养。我也答应承办，而且直到听说他吃

了败仗的消息以前,一直忙得不亦乐乎。为了这桩军务,我自己又事先垫支了一千多英镑。我把这笔款项的账单寄了过去。所幸的是,那场战役的前几天,账单就交到了他手上。他马上让军需官开了一张一千镑整数款额的汇票给我,余额留待下次偿清。我觉得,拿到这笔还款,算是交上了好运,因为余额再也没有收回来,而且以后还有所增加。

在我心目中,布雷德多克将军堪称一位勇武军人,或许在欧洲战场上,他会作为优秀指挥官而崭露头角的。然而,他过于自信,对正规部队的战斗力估计过高,对美洲人和印第安人的看法却低得可怜。我们的印第安语翻译乔治·克罗甘[①],带领了百余名印第安人跟他一起参加行军。假使将军对待那些印第安人好一些的话,那么,他们不论是当向导,还是当侦察兵,都会对他有很大帮助。但他轻视、冷淡了他们,于是印第安人就渐渐地离开了将军。

有一天,我跟将军谈话时,他给我介绍了一些他自己的进军计划。"拿下了度肯城堡,"他说,"我就向尼加拉城堡挺进;攻克那里以后,要是天气好,就向弗朗丹奈克逼近。我估计成功

---

① 乔治·克罗甘(死于1782年),商人,田产投机商,印第安语翻译,1741年由爱尔兰移民美洲。

不成问题,在度肯城堡总共耽误不了三四天的工夫,往后再进攻尼加拉,我看就什么阻碍也没有了。"在这次谈话前很久,我就反复思考过,他在进军途中,队伍必然拉得很长,还得披荆斩棘穿过羊肠小道。加之自己又读到过,以前曾经有一千五百人的法国部队,他们入侵伊利诺伊州时,在此地遭到惨败的情景。所以,我对这次作战部署,心里不免有些疑惑和担心。不过,我只是冒昧地说:"当然是这个样子的,阁下。如果你带领这支配备精良,还有火炮的精锐部队,能够顺利抵达度肯城堡,城堡虽然防御工事完备,虽然有强大的卫戍部队的援助,也不可能遇到多大抵抗。我担心可能阻碍你进军的唯一危险,只是印第安人的伏击。他们训练有素,擅长埋下伏兵,成功进行伏击。而贵军又不得不排成细长的一线,将近有四英里长,这就暴露了目标,两翼容易遭到攻击。这样一来,部队就会像一条棉线似的给分割成几段,而由于相隔很远,他们不可能及时赶来相互增援。"

他见我无知无识,只是莞尔一笑,回答说:"的确,对于你们美洲未经训练的民兵而言,那些野蛮人倒真是可怕的敌人。不过,对于国王陛下训练有素的正规军而言,阁下,他们不可能放在心上。"这时我想到,与一个军人辩论他职业上的问题,不十分得体,也就缄口不言。不过,我虽然说担心他的部队行进中路线太长,容易暴露行迹,但敌人却并没有利用这一点,而是不加阻击,让它一直推进到距度肯城堡九英里的地方。那时,他们刚刚越过一条小河,先锋部队停止了前进,后续部队又涌了上来,所以人员十分密集,而且又是来到了林间一块更加开阔的空地上。于是敌人从树木和丛林背后,用强大火力攻击先头部队。这是将军第一次得悉,敌人近在咫尺的消息。先头部队乱了阵脚,将军催促部队连忙前去增援。增援行动在车辆、行李和牲口堆里展开,陷入极度混乱。紧接着,炮火又打在了侧翼,骑在马上的军官容易识别,成了敌人的靶子,很快落下马来。士兵也由于得不到号令,或者听不见号令,你推我挤,乱成一团,还有的站在那里,等着敌人的射击,结果三分之二的士兵被击毙。于是,剩下的士兵在恐惧之中仓皇逃窜。

车主们从自己马车上卸下马来,急忙逃命去了。其余的人员也立刻起而效仿,于是所有车辆、给养、火炮和辎重,一股脑丢给了敌人。布雷德多克将军身上也受了伤,好不容易给抬了下来,而将军的秘书谢利①先生,就在他身边死于非命。在八十六名军官当中,就有三十六名阵亡或者受伤;一千一百名士兵中,

---

① 此处指上述总督威廉·谢利的长子小威廉·谢利(1721—1755年)。他曾经担任布雷德多克将军的军事秘书。

毙命的竟达七百一十四人。这一千一百名士兵,是从整个队伍里选拔出来的,其余士兵留在后方由邓巴上校率领。他的任务是押运着笨重的辎重、给养和行李殿后。逃窜的士兵,由于没有受到追击,来到了邓巴的军营。他们所带来的恐惧,立即震慑了邓巴和他所有的士兵。虽说现在邓巴还有一千余人,打败布雷德多克将军的印第安人和法国人加在一起,充其量不过四百余人,但邓巴非但没有出击,挽回荣誉,反而下令销毁所有辎重、弹药等,以便减少无用物品,腾出更多马匹,帮助他返回殖民地去。在那里,他接到了弗吉尼亚、马里兰和宾夕法尼亚总督的请求,要他屯兵边境,为当地居民提供某些保护。可是,他还是匆忙行军,等穿过了这些地区,来到费城时,才由于那里的居民能够保护他,觉得自己有了安全。这整桩事件使我们美洲人第一次怀疑:自己对于英国正规军英勇无比的夸大想法,原来并没有坚实根据。

另外,在英军的第一次挺进中,从登陆到离开殖民地,他们无不抢劫、掠夺沿途的居民,把一些贫困家庭洗劫一空。居民如果表示抗议,他们甚至侮辱、漫骂、禁锢他们。如果说我们原来真的需要保护者的话,这就足以使我们丢掉对他们的幻想了。这与我们的法国友人的举动,真是有着天壤之别!一七八一年,法国人从罗得岛往弗吉尼亚开拔，路过这一带人烟稠密的地方时，将近七百英里的路途上，丝毫没有惹起民怨，没有丢失一头猪、一只鸡，甚至没有丢失一个苹果。

布雷德多克将军的一个副官奥尔姆①上尉，也受了重伤，跟将军一起给抬了回来，继续跟将军待在一起，直到几天后将军去世为止。奥尔姆上尉对我说，将军头一天什么话都没有说，到了夜里只说了一句："这有谁能料到呐！"接下来的那一天，他又默不作声了，直到最后时刻，才说了一句："下一次，我们就知道怎样好好对付他们了。"说完，几分钟以后就死去了。

秘书的文件资料，包括将军的命令、指示和信函全部落到了敌人手里，他们从中挑选了若干件，译成法语刊印出来，借以证明英国宫廷在宣战前，已经怀有敌意。在其中，我看见过将军写给内阁的几封信，高度赞扬我对英军所做出的巨大贡献，打招呼要他们对我加以关注。几年后，大卫·休谟②当了英国驻法国公

---

① 罗伯特·奥尔姆（约死于1790年），布雷德多克的心腹和副官。于1756年辞去军职，返回英国。
② 大卫·休谟（1711—1776年），英国经验派哲学家。可能于1758—1759年间，在伦敦和富兰克林相识。第二年夏和1771年，富兰克林造访爱丁堡，更增进了两人之间的友谊。

使赫特福德勋爵①的秘书,后来还当过国务大臣康威②将军的秘书,他告诉我说,曾经在内阁办公室那些文件中见到过布雷德多克将军的信件,在信里,将军大力推荐过我。不过,由于那次远征的不幸结局,看来他们并不认为我的贡献有多少价值,因此,那些推荐对于我根本没有派上用场。

至于将军对我的酬谢,当时我只向他要求过一件事,那就是,请他命令自己的军官,不要再征募我们的卖身奴隶,并请他以已经应征入伍的名义,把征募的奴隶予以遣返。这一点,他欣然照办,根据我的请求,把几名奴隶遣返到主人身边。但当权力转交到邓巴上校手里时,上校就没有那么大度了。当时,他驻在费城,是撤退到那里,或者毋宁说是溃逃到那里的。我请求他遣返被征募的兰开斯特县三位清贫农夫的奴隶,并提醒他注意已故将军有关这方面的命令。他答应我说,几天后在开赴纽约的路上,他要在特仑顿停留,如果他们的主人去那里的话,他将在那里把奴隶归还给他们。于是那些主人花费钱财,不辞劳苦赶到了

---

① 赫特福德勋爵,即弗朗西斯·康威(1719—1794年),英国枢密院官大臣,驻法国特命大使。
② 亨利·康威(1721—1795年),赫特福德勋爵之弟。1765—1768年任国务大臣。

特仑顿，但令人大失所望的是，上校竟然拒不兑现诺言，使他们蒙受了巨大损失。

损失车辆马匹的消息一经传开，所有的车马主人都来找我，要我根据契约规定，按估价进行赔偿。他们的要求使我陷入极大的困境。我对他们说，款项已经备好，就在军需官手里，但必须首先得到谢利将军的付款命令，而且，我已经向他请示下达命令。不过，将军离此地较远，无法很快得到答复，请他们务必耐心等待。然而，所有这些仍然不能满足他们的心愿，有些人还起诉了我。谢利将军终于让我摆脱了这种可怕的窘境，委派了几个专员前来核查索赔情况，下达了付款的命令。赔款总计将近两万余镑，如果由我来赔偿，可就毁了我的身家性命。

得到战事败北的消息前，当医生的邦德两兄弟①带着捐款册到我这里来，为支付盛大烟火晚会的开销募集资金。他们打算在攻克度肯堡的消息传来时，在举行狂欢会上燃放。我变得神情肃然起来，说道，"依我看，轮到我们该狂欢的时候，还有的是时间来准备呐"。他们见我没有立刻响应建议，感到十分惊讶。"你的意思当然不是那个城堡拿不下来吧？"其中一个说。"要

---

① 此处指托马斯·邦德和菲尼斯·邦德两兄弟。下文同。

说城堡拿不下来，这我不知道。但我知道，战事的胜负有很大的不确定因素。"接着，我向他们解释了自己怀疑的理由，募捐就此停顿下来。两个倡导人也因此避开了一场羞辱，倘若当真准备了烟火的话。后来，邦德医生在另外一个场合说，对于富兰克林的预感，他并不感兴趣。

第十章

布雷德多克战败以前，莫里斯总督就和议会纠缠不休，连篇累牍提交咨文，逼迫议会通过法令，以筹集资金加强本州防务。但有一条，不须向领主财产课以赋税。而议会的一切没有附加这项条款的法案，他都一概否决。鉴于战争危机日益加剧，防务事务益愈迫切，总督抱着一线希望加强了攻势。不过，议会仍然毫不屈服，认为正义在他们一方，如果一任总督修正他们的税收法案，就等于放弃了议会的基本权利。最后，对于一项关于拨款五万镑的法案，总督的修正仅仅限于一个字眼。法案上原来说的是："一切财产，无论是动产还是不动产，均需纳税，领主的财产也包括在内。"而总督的修正则是把"也"字改为"不"字，改动虽小，实质却大不相同。然而，军事上失利的灾难性消息传到英国以后，却引起了轩然大波。在此之前，我们一直小心翼翼把议会对总督咨文的回复转交给英国的朋友,这时他们也指责领主们的卑劣和不公,竟然指使总督这样行事。有的甚至说,既然他们掣肘了本州的防务,他们就丧失了得到保护的权利。领主们受到了如此恫吓,便命令岁入司司长,无论议会所要求的防务经费几何,均另行追加拨款五万镑。

这笔款项经确认后,由议会作为领主们应交纳的普通税款接受下来,另外拟订的一项附有为他们免税条款的新法案,也随即获得通过。依照这个法案,指定我为委员会成员,专司处理这笔六万镑的拨款。我积极参与了法案的制定,使之得到通过。同时,起草了一项成立并训练志愿民兵队的法案。由于我对教友派加意关照,其中规定,他们加入民兵与否由他们自由决定,所以不费吹灰之力就在议会里得到了通过。为了促使民防协会尽快组建志愿民兵队,我又写了一篇对话体文章,列举出自己能够想到的所有反对成立民兵队伍的意见,然后逐一进行答复。正像我所想象的那样,文章一经刊行,随即产生了非常显著的效果。

正当在城市和农村组建民兵连队进行训练的时候,总督说服了我,赶赴西北边陲,负责那里的防务。当时,敌人常常在那边出没,需要我征募士兵,修建一系列堡垒,来保护当地的居民。尽管我觉得自己无法胜任愉快,还是承担了这一军事任务。总督全权委任我去赴任，还给了我一叠空白委任状，以便委任我认为合适的人选。征募士兵没有遇到什么困难，很快，归我统辖的士兵就达到了五百六十余人。我的儿子在上次与加拿大的交战中当过军官，这次又充任我的副官，对我的帮助非常之大。当时我认为，最好在金奥顿胡顿村修建安全工事。因为那里原来居住着莫拉维亚教友，如今印第安人已经把那个小村庄焚毁，居民也给杀戮净尽。

为了朝那里进发，我在莫拉维亚教友聚集地——伯利恒，集结了几个连队。但出乎意料的是，我发现那里的防务工事十分坚固。金奥顿胡顿村的毁灭，使他们意识到了危险的存在。主要的房屋都围着栅栏，还从纽约购置了武器弹药，甚至在高大石头房子的窗台之间，都放置了大量铺路石块，以备妇女们砸向胆敢强行进入的印第安人的脑袋。荷枪实弹的兄弟会员也在放哨，像城市卫戍部队那样有条不紊，轮流值勤。在跟主教斯潘根堡①的谈话中，我对此表示了自己的惊讶，说自己知道他们已经得到英国国会立法，免除了他们在殖民地服兵役的义务。因此我觉得，他们拿起武器，是一丝不苟的、恪尽职责的举动。主教回答说，武

---

① 斯潘根堡(1704—1792年)，德国出生的莫拉维主教，1765—1762年在美洲居住。

备的确不是他们的一个既定信条,然而,就在那项立法获得通过的时候,他的很多教民却又认为这仍然是一个信条。他们惊异地发现,危急关头很少有人再愿意遵守这一教义。看起来,他们不是自欺欺人,就是叫国会给愚弄了。不过,人们的常识,加上目前的危险处境,有时会战胜古怪的想法。

我们动手修建堡垒那阵子,正是一月初的光景。我派遣一支小分队去米尼辛克,命令他们在那一带南边修建安全工事,同时下令在北边一带也要修建工事。最后,我带领其余兵力赶赴金奥顿胡顿村,认为迫在眉睫的是,应该在那里立即修建一座堡垒。莫拉维亚教友给我们送来五辆马车,以便运送工具、给养和行李。

我们刚要离开伯利恒,被印第安人赶出种植园的十一个农夫就跑到我这里来,要求给他们提供武器弹药,以便回去把牛羊牲畜抢夺回来。我发给他们每人一支枪,外加适量的子弹火药。我们行进了还不到几英里的路程,天就下起雨来,而且整整一天没有停息。一路上,看不到可以避雨的房屋,将近黄昏时分才总算找到了一个德国移民的住宅。我们在他的谷仓里拥挤成一团,身上湿得厉害。尽管我们的武器非常简陋,士兵的机枪也无法保持干燥,但幸运的是,路上并没有遭到袭击。因为印第安人巧于伏击,而我们却不擅长此道。就在那天,印第安人遇到了上面说的那十一个农夫,杀死了他们其中的十个。逃出来的那个农夫告诉我们说,由于火药叫雨给淋湿了,他和同伴的枪根本打不响。

第二天,天气晴朗,我们继续行军,总算抵达了凄凄惨惨的金奥顿胡顿村。原来村庄附近有一家锯木场,还丢着几块松树木板。我们用这些木板,很快搭起了几间棚屋。在那种严酷的季节里,由于没有帐篷,棚屋是不可或缺的。接下来第一件事,就是把丢在那里的尸体严严实实掩埋起来,虽然那里的人们已经收殓过尸体,但仍然有一半露在泥土外面。

第二天上午,我们画出了堡垒的平面图,在地上放好了大样:堡垒周长四百五十五英尺,因此需要同样数目的木桩,一根挨着一根地围成栅栏,每根木桩直径一英尺。我们舞动起所有的七十把斧头,立刻开始伐树。士兵们擅长使用斧头,所以进度非常迅速。眼见树木飞快倒地,我心里十分诧异,于是看着表,想计算一下两个士兵砍倒一棵松树到底需要多少时间。结果,只用了六分钟树就应声倒在地上,树的直径竟达十四英寸[①]。这样,每棵松树先劈成三根木桩,接着把一头削尖,长度可达十八英

---

① 1英寸≈2.54厘米。

寸。赶制木桩的同时，别的士兵沿着四周挖出一条三英尺深的壕沟，好把木桩埋到泥土里面去。我们卸下马车车身，再拔下连接车轴和车轮的钉子，把前后车轮分成两组，制成十辆由两匹马拉的小车，用来把木桩从林子里拉到工地。竖好木桩之后，再叫木匠沿着内侧用木板搭起一个大约有六英尺高的台子。这样，士兵站在上面，就可以从空隙里射击了。我们还有一尊回旋火炮，大伙把它架在了一个角落里。刚刚安装就绪，就发了几炮。假如印第安人能够听到的话，也好让他们知道我们配备有这种武器。如果可以管这种糟糕的栅栏叫作堡垒，那么我们的堡垒就在一个礼拜后完了工，尽管每隔一天就大雨如注，士兵们根本无法干活。

这件事使我认识到，只要士兵们手头有活计干，他们就非常快活。在执行任务的日子里，士兵们态度和蔼，心情愉快，心里觉得既然白天干得不错，晚上就该过得痛痛快快。然而，遇上无事可做的日子，他们就暴躁不安，吵吵闹闹，还会吹毛求疵，说什么猪肉不好啦，面包不好啦等，总之是心情一直高兴不起来。这使我想到了一位船长，他有一个信条，就是让水手们不停地干活。有一次，他的大副对他说，水手们干完了所有的活计，再也没有活儿叫他们干了。"哦，"他说，"那就叫他们冲洗铁锚好了。"

这样的堡垒尽管很不像样，但用来抵御印第安人却绰绰有余，因为他们没有火炮。现在，我们眼见驻扎得安全，遇到情况也有地方退却，便大着胆子结队出发，去附近一带地区搜索。可是，并没有遭遇到印第安人，只是在临近的小山上，发现了他们埋伏下来侦察我们行动的地点。值得一提的是，他们那些地点，都伪装得十分巧妙。当时正值深冬天气，他们需要生火，但要是像往常那样在地面上生火，人们老远就能借着火光发现他们的位置。因此，他们在地下挖了些直径宽约三英尺，深约三英尺的地洞。我们发现，里面有一些他们用短柄小斧从林子里烧焦的圆木上砍下来的木炭。就是利用这些木炭，他们在地洞底下升起了小小的炭火。另外，野草枝蔓之间，还见到了他们身体留下的痕迹。他们躺在四周，两腿伸到地洞里去取暖，这是非常重要的。而用这种方法生的火，无论是借着它的火光、火苗、火星，甚至是借着它所冒的烟，都发现不了他们。看来他们人数很少，见我们人数众多，占不了便宜，所以没有前来进袭。

　　热心的长老会牧师贝迪[①]先生，是我们的军中牧师。他向我抱怨，说士兵们往往不去听他祈祷和讲道。原来，当初征募士

[①] 查尔斯·贝迪（约1715—1772年），长老会牧师。作为新泽西学院董事，曾经访问过英国和西印度群岛。

兵的时候，除了军饷和膳食以外，还答应每天发给他们一及耳[①]朗姆甜酒，上午一半，下午一半，准时发放。因此，当我发现士兵们都能按时领酒的时候，就对贝迪先生说："让你管理酒的发放，也许有失你的职业尊严，不过，你只要祈祷完了才发放酒，他们就都会到你那里去的。"他觉得这个想法很好，表示愿意分发甜酒。接着他又找了几个人，帮着称量甜酒，事情办得十分满意。大伙个个都来参加祈祷，而且非常准时，这是以前从来没有过的事情。由此我也认识到，同用军法处罚不参加礼拜仪式的士兵相比，这种办法更为可取。

这件事情刚刚办理完毕，也为堡垒准备好了给养，就接到总督来信，通告我说他召集了议会开会，如果边境事务不必要我留在那边，希望我回去参加会议。我在议会里的朋友，也写信来敦促我尽可能回去开会。那时节，计划中的三个堡垒已经完工，在堡垒的保护之下，居民也愿意留在农场上了，所以我决意回去。而让我更加愿意回去的，还有一个原因：克拉彭上校同意接替我留在那里指挥。他是新英格兰军官，对印第安人作战颇有经验，当时他正在我们堡垒访问。我颁发给他一张委任状，趁检阅驻军

---

① 及耳，一译及尔，英制液量单位，相当于四分之一品脱。

的机会让人进行宣读，把他介绍给了士兵。我说，从军务的娴熟上看，克拉彭上校比我更适于出任他们的指挥官。我对士兵们勉励一番后，辞别了那里。士兵们护送我到伯利恒，我在那里休整了几天，以便从经受的劳顿中恢复过来。头一天夜里，睡在舒适的床铺上，我几乎无法入睡。这和在金奥顿胡顿村的小屋里，身上裹着一两条毯子躺在地板上，简直有天壤之别。

在伯利恒期间，我初步打听了莫拉维亚教派的风俗习惯。他们有几个人一直陪伴着我，对我非常客气。我发现，他们是集体干活，共同用餐，许许多多的人聚在一起，在公共宿舍里休息。在宿舍里面，我看到紧靠天花板下面，每隔一定距离都留着小孔。据我猜想，那是为了空气流通而巧妙设计的。我还到过他们的教堂参加礼拜。那里，风琴和着小提琴、高音双簧箫、长笛、单簧管演奏，悠扬悦耳的音乐，使人心里为之一爽。同时，我得悉，他们的布道也与一般不同，不像我们那样男女老少聚集在一起，而是此时召集已婚男子，彼时召集他们的妻子，然后召集未婚青年男子、未婚青年女子和儿童，每一群体分别布道。我听的那场，是为儿童举办的布道。孩子们进来后分别安排，坐在成排的凳子上面，男孩子由一个青年男子即导师带领，女孩子则由青年女子管教。讲道内容看来十分适合孩子们接受，宣讲的语气也非常亲切动听，仿佛在循循善诱，叫他们端正行为似的。孩子们规矩而且安静，不过，看上去脸色苍白，身体不太结实。我怀疑，这是给关在屋子里时间过长，不允许他们有足够运动所致。

同时，我打听了有关莫拉维亚教派的婚姻习俗，都说他们用抽签方式决定嫁娶，想看看这个传说是否属实。他们告诉我，抽签的方式只在特殊情况下使用。一般来说，青年男子如果打算结婚，就把这层意思向掌管青年男子的长辈说明，那些长辈再跟掌管青年女子的长辈商议。由于这些不同性别的长辈非常熟悉各自学生的性情脾气，对于合适的婚配，能够做出最佳判断，所以总会得到男女双方的认可。但万一出现例外，比方说认为有两三个青年女子同样适合嫁给那个男子，那就得借助于抽签了。我表示异议说，如果婚配并非出自双方的相互选择，那么有些婚姻就可能很不幸福。"就算是你让双方亲自选择，"给我提供咨询的人说，"也有可能是不幸福的呀。"对于这一点，我确实没有办法否认。

返回费城后，我发现民防协会运行得非常顺利，非教友派的居民普遍加入进来，自己组成连队，还按照新的法律选出了上尉、中尉和少尉。邦德医生来看望我时，讲述了他如何呕心沥血，使新的法律受到了普遍欢迎的过程，并把大半功劳归在了他自己的名下。而我却认为，这一切都应该归功于我写的那篇对话体文章，自己理应以此感到荣耀。不过，我想他所说的或许不无道理，也就乐得让他陶醉于这种看法当中。因为在这些情况下，我觉得这样做一般来说不失为最好的办法。军官们开会时，选举我为民兵团队的上校团长。这一次我接受了任命。我已经忘记当时总共有多少连队，不过在进行检阅时，记得大约有一千二百名英武的民兵战士参加。另外，还有一个炮兵连，配备着六门野战铜炮。战士使用火炮非常熟练，每分钟可以发射十二枚炮弹。我第一次检阅完了团队后，士兵们护送我回到家里，还在我门前鸣放了几轮礼炮，向我表示敬意。不料想，这却把我电学仪器上的几只玻璃器皿震了下来，摔了个粉碎。然而，后来的事态却表明，比起那些器皿来，我的新头衔却更加脆弱易碎。因为不久以后，英国就废除了那项法律，我们所有的委任也因此化为乌有。

担任上校团长的短暂期间，我有一次打算去弗吉尼亚，军官们这时脑子里突发奇想，认为应该护送我出城，一直送到下渡口那里。我刚刚上马，他们三四十个人就一律身着戎装，骑马来到我的门前。对于他们的做法，我事前没有接到通知，不然的话，我会阻止他们这样做。因为，无论在什么场合，我天生就对自做显赫感到厌恶。他们的到来，使我非常恼怒。这样一来，也就不可能不让他们护送。更糟糕的是，我们刚刚动身，他们就大刀出鞘，高高举着一路奔驰前进。于是，有人写信把这件事报告给了那个领主。这使他大为不悦，觉得他在本州时，也从来没有得到这样的荣耀，就连他自己的那些总督也没有得到过。那领主还说，只有王室血统的王子，才配受到如此的殊荣。就我而言，也许的确如此。不过，我当时不知道，现在仍然不知道，在这些场合到底应该遵守什么样的礼仪。

这件无聊的事情大大加深了那个领主对我的仇恨。以前，议会讨论关于免除他的田产税时，由于我的表现，他已经对我有了相当的积怨。因为我一直激烈反对豁免他的赋税，严厉指责他为免税所采取的卑劣和不义行为。他向内阁指控我是效忠国王陛下的巨大障碍，说我利用自己在议会的影响，阻挠通过以适当方式进行筹款的法案。还以我与军官们列队前进为例，证明我觊觎权力，想用武力把本州的管辖权从他手中夺去。他还请求邮政总长艾瓦拉德·福克纳①爵士免去我在邮政总局的职务，但结果除了艾瓦拉德爵士对我的一番婉言劝诫以外，领主并没有如愿以偿。

议会和总督之间的争执尽管持续不断，但我作为议员，又在

---

① 艾瓦拉德·福克纳（1684—1758年），伦敦商人。曾出任英国驻土耳其大使，1745年被委任两邮政总长之一。

议会里举足轻重,所以和总督先生还是保持着彬彬有礼的交往,两人之间从未产生过私人纠纷。有时候我心里想,他之所以对我很少或者没有怨恨,大概是由于职业习惯所致。因为大家都明白,对他咨文的答复都是由我草拟的。但是,他既然出身律师,或许会认为,我们两人只是同一案件中诉讼双方的辩护律师,他代表领主,我代表议会而已。因此,他有时候还会就一些难办的事务,善意征求我的意见,有些时候,他还竟然能够接受我的劝告,虽然并非一贯如此。

我们两人曾经一致同意,向布雷德多克将军供应给养,将军失利的震惊消息传来时,总督急忙派人找我,去商讨阻止军队放弃那些偏僻县份的办法。我当时到底提出了什么建议,现在我已经忘记,想来只不过是应该给邓巴上校写信,如有可能,劝说他相信应当屯兵边陲,保卫疆土。待援兵从各殖民地赶赴那里,再继续远征。而且,我从边疆回来后,总督还拟命令我率州里的军队远征,攻克度肯城堡,命邓巴及其部下执行其他任务,同时提议授予我将军军衔。我对自己军事能力的看法,并没有他所说得那么好,而且觉得他的评价超出了他的真实想法。他大概认为,我的声誉有助于率领士兵,能够影响议会同意给予军事拨款,而且,不向领主课税的法案,也许就能获得通过。不过,当他清楚我并不像他所预料的那样热心此道的时候，这件事情也就搁置起来。此后不久，他便辞去了州政府职务，由丹尼①上尉接任。

接下来我想讲述的，是自己在新总督任内在公共事务中所起的作用。不过在这之前，约略讲一讲在自然哲学领域的进步和提高，也许没有什么不妥。

一七四六年那年，我正在波士顿，在那里遇到了刚刚从苏格兰来的斯彭瑟博士。他向我演示了一些电学实验，但由于他对电学不太精通，所以实验做得也并非完美无缺。然而，由于这一学科对我十分新鲜，心里还是感到既惊奇又兴奋。回到费城不久，我们图书馆就收到了伦敦英国皇家学会研究员彼得·考利逊②的一件礼物：一支附有实验使用说明书的玻璃试管。我急切抓住这一机会，着手重复在波士顿看到的实验。通过不断练习，我对那些实验已经得心应手，从英国寄来的说明书上的实验，做起来也非常熟练，而且还增加了几项新的实验。说到反复练习，是因为那时家里常常高朋满座，而这些朋友当中，又不乏前来目睹这些新奇淫巧的人。

---

① 威廉·丹尼（1709—1765年），英军上尉，1756年赴宾夕法尼亚任总督。
② 彼得·考利逊（1694—1768年），伦敦教友派商人，植物学家。富兰克林一生中最重要的人物之一。

为了让朋友分担一点劳苦,我叫玻璃作坊吹制了几支类似的试管,叫他们自己去做实验。这样,我们最后就有了好几个会做实验的人。其中,主要的有聪明机敏的金纳斯里[①]先生。此人是我的邻居,当时正好赋闲在家。于是,我鼓动他用演示实验来赚些钱,还替他写了两篇讲稿,说明实验安排的顺序,附带着解释了操作的方法,以便帮助人们理解接下来要做的实验。为了这一目的,他购置了一套精制的仪器,把我自己制作的所有简陋器械,都叫能工巧匠改造了一番。他的讲座听众很多,人们非常满意。后来有一段时间,他还遍游各个殖民地,在各州首府进行演示,赚了一笔钱。但在西印度群岛,由于空气潮湿,他要做好实验便确实感到了棘手。

　　为了感谢考利逊先生送的试管等礼物,我觉得应该让他知道我们使用试管所取得的成功,于是给他写了几封信,说明我们进行实验的情况。他收到后,在皇家学会上进行了宣读。但起初并没有引起多少注意,没有让人们觉得应该在学会的《学报》上刊登。另外,我还给金利逊先生写过几篇论文,其中一篇,论述了闪电和电具有相同的性质。后来,又把它寄给了我的一个朋友

---

① 艾宾尼泽·金纳斯里(1711—1778年),费城学院英语学校校长,电学讲师,富兰克林电学实验的主要助手。

米切尔[①]先生，他也是皇家学会的成员。他在信里递过话来说，论文宣读后遭到了内行们的讥笑。不过，那些论文给福瑟吉尔博士看过以后，他却认为非常有价值，觉得要是让它们默默无闻，十分可惜，所以建议刊行出来。金利逊先生于是把论文交由凯夫[②]，在他的《绅士》杂志上发表。可是，凯夫打算单独印行成册，还约请福瑟吉尔博士写了序言。看来，他对于利润估计得十分正确，加上以后送去的论文，那本小册子扩展成了四开本的论文集[③]，现在已出了五个版本，版权却没有让他花费一文钱。

然而，这些论文要在英国受到广泛关注，尚需假以时日。但事有凑巧，论文集落到了自然哲学家德布丰[④]伯爵的手里。他不但在法国享有盛誉，而且声名遍及整个欧洲。他力劝迪布尔先生译成法文，在巴黎印行。这样一来，论文集的出版就冒犯了法国皇室自然哲学家导师诺莱[⑤]教士。他是个非常精明能干的实验科

---

① 约翰·米切尔（死于1768年），物理学家，博物学家。1720年赴弗吉尼亚，并广泛游历美洲。
② 爱德华·凯夫（1691—1754年），出版商，《绅士》杂志创办人和出版商。
③ 此处指富兰克林《电学实验与观察》一书。
④ 德布丰（1707—1788年），法国博物学家。同时致力电学研究，与富兰克林在法国会面。
⑤ 诺莱（1700—1770年），电学家，法国皇家科学院主席。直到1767年他才与富兰克林在巴黎见面。

学家，不但创立了电学理论，还出版过在当时十分流行的电学理论专著。起初，他不相信这样一部著作竟然来自美洲，说必定是他在巴黎的论敌捏造出来，想跟自己的理论体系唱对台戏的。后来当人们向他保证，说他所怀疑的那个人名字叫作富兰克林，确实住在费城时，他撰写并发表了一卷主要针对着我的信函，为自己的理论辩护，否认我的实验以及由此得出的结论的真实、可靠。

我一度想要复函诺莱教士，也当真打算着手写信。可是，考虑到我论文中所描述的，是任何人都能重复和证实的实验，而如果得不到证实，也就不必为之辩护。另外，我论文中所表达的观点，也都是以推测的口吻，而不是武断地提出来的，所以根本没有义务予以辩护。我还考虑到，使用不同语言书写的两个人之间进行辩论，可能由于翻译错误而大大延长辩论的过程，从而在概念上造成相互之间的更大误解。教士有一封信里的许多错误，就是基于翻译中的误解所造成的。因此，我决定最好还是让论文本身说话。因为我相信，与其就已做完的实验争执不休，倒不如利用公共事务之余的闲暇时光进行新的实验。因此，我从来没有给诺莱先生回信，也始终未因对这件事情保持沉默而懊悔。是我的朋友，法国皇家科学院院士勒鲁瓦[①]先生，替我反驳了他。我的著述后来又译成意大利文、德文和拉丁文。里边所包含的学说，因取代了诺莱教士的理论，而逐渐为欧洲自然哲学家所普遍采纳。从此，诺莱目睹了他那一学派的没落，唯一的例外是，他在巴黎的门生兼亲传弟子B先生，仍然信奉他的理论。

我的论文集转瞬之间名声大噪的原因，还源于玛丽学院达里巴尔[②]和德劳尔[③]两位先生所做的一项实验。依照书中所提出的做法，两人从云层中引出了闪电，获得了成功。这就引起了公众的兴趣，到处投来了关注的目光。德劳尔先生拥有科学实验仪器，又是讲授这门学科的，所以动手重复了他所谓的"费城实验"。在国王和宫廷御前演示以后，巴黎所有好奇的人都蜂拥而至，前来观看。有关这项重大实验，以及其后不久，我在费城利用风筝所做的类似实验的成功所带来的无限快乐，这里就不再多做赘述。因为这两个事件，在电学史上均能查阅得到。

[①] 勒鲁瓦（1720—1800年），法国科学家，曾发明第一架实用发电机。富兰克林于1767年造访巴黎时，第一次与他会面，1773年推荐他加入美洲哲学学会。
[②] 达里巴尔（1703—1799年），法国物理学家和植物学家。他翻译《电学实验与观察》后，进行了证明闪电和电性质相同的实验。1767年，与富兰克林通信多年后，在巴黎与富兰克林会面。
[③] 德劳尔（生卒年代不详），曾于达里巴尔之后，成功做了上述实验。

英国的莱特①医生，旅居巴黎期间曾经给皇家学会的一个朋友写信，讲述了我的实验在外国②学者中间赢得高度评价的情况，还指出使外国学者不解的是，我的著述为什么在英国反而无人问津。鉴于这一点，皇家学会同意重新考虑此前宣读过的信函，著名的华生③博士把它们，以及后来就这一课题寄到英国去的论文写成摘要，还加上了对于作者的褒扬之辞。这个摘要刊登在他们的《学报》上。后来，在伦敦的一些学会会员，特别是聪明睿智的坎顿④先生，利用尖棒从云层里获得了闪电，从而使这一实验得到证实。这一成功的消息报告给学会后，他们不仅立刻为以前对我的怠慢赔礼道歉，还在我提出申请以前，推举我为皇家学会会员，而且连按惯例交纳的高达二十五畿尼的会费，也投票予以豁免。从此他们一直把《学报》免费赠给我阅读。同时，又授予我一七五三年度戈德夫雷·科普利爵士金质奖章⑤。颁发

---

① 爱德华·莱特（死于1767年），英国医生，使用显微镜的科技人员。
② 按：此处指法国科学家。
③ 威廉·华生（1715—1787年），英国博物学家。他于1756年指定富兰克林为英国皇家学会成员。
④ 约翰·坎顿（1718—1772年），电学家。他与富兰克林分别做的实验，起到了相互促进的作用。
⑤ 按：原为英国国会议员戈德夫雷·科普利从男爵（约1654—1709年）遗赠给英国皇家学会用以奖励科学家的基金，1736年改为奖章。

奖章仪式上,学会主席麦克莱斯菲尔德[①]勋爵发表了热情洋溢的演讲,对我推崇备至。

[①] 乔治·麦克莱斯菲尔德(1697—1764年),英国天文学家兼数学家。

第十一章

上面所说皇家学会奖章，由新总督丹尼上尉带回美洲。他在市府为他举行的招待会上，把奖章交给我，又用非常谦恭的措辞，向我表达景仰之情。按照他的说法，他很久以前就熟悉我的为人处世了。晚宴后，宾客们按照当时的习惯喝酒，他把我拉到另外一个房间，对我说，他在英国的朋友都劝谏他跟我结为好友。他们说，我是个有能力提出最佳忠告的人，也是个能有效地使他的执政顺利的人。因此他最想做的事，就是与我达成良好谅解，恳求我坚信，无论在什么场合，他都欣然准备在自己力所能及的范围内为我效劳。同时还就领主对本州的善意，跟我说了不少好话。他说，领主和老百姓所持的那种就他而言是长期对立的态度，如果能够捐弃的话，使领主和人民之间重修和谐关系，那么，这对于我们大家，特别是对于我，都是善莫大焉。而据信要想做到这一点，除了我个人以外，谁也帮不上多少忙，而我也大可放心，肯定能够得到慷慨酬谢和补偿。喝酒的宾客见我们迟迟没有回到餐桌旁边，叫人送来一瓶马德拉白葡萄酒。总督痛饮起来，而且喝得越多，请求和许诺也随之增多。

我的答复大致是这样的：感谢上帝，我的处境还不需要领主眷顾；我作为议员，也不可能接受领主的任何恩惠；不过，我跟领主并没有个人恩怨，只要他提出的公共措施于老百姓有益，我就比任何人都更加热情地赞成和拥护。过去我所以持反对立场，原因在于他所力主的方案，显然只有利于领主，却损害了老百姓的利益。我十分感激总督对我表露的美意，将竭尽全力让他的执政一帆风顺，无论在什么事情上都保证如此。同时，我希望他没有带回来那些不幸让他的前任受到钳制的命令。

对于这一点，他没有做什么解释。然而，他后来与议会共事时，又提出了那些命令，于是争执复又开始。而我作为议会的捉笔人，仍然一如既往予以积极抵制，首先反对传达那些命令的要求，其次也不赞成对它们做出评价。这些均可在决议案，以及我其后主办的《历史的回顾》中查阅得到。不过，我们私人之间并没有产生隔阂，反而时常一起聚会。他学识渊博，洞察世事，谈吐风趣而令人解颐。他告诉我，我的老朋友拉尔夫①还活着，而且被誉为英国最优秀的政论家之一。他受雇参与过弗雷德雷克亲王和国王的争端，获得了三百英镑的年金。诚然，作为诗人，他的声望确实微不足道，蒲柏就在《愚人记》里对他的诗表示了轻蔑，但据说他的散文，却可以与任何人相媲美。

议会终于发现，领主仍然顽固地以其命令来束缚其代理人②，这些命令既有悖于人民权益，也有碍于效忠国王陛下。因此，议会决定请求国王废除那些命令，指派我为代表，前往英国呈递请愿书，并表示支持这一举动。前此，议会曾经向总督提出过一个议案，同意为国王的开销拨款六万镑（其中，一万镑由当时驻殖民地少将劳登③勋爵支配），但是，由于总督顺从领主的命令，坚决拒绝了这一议案。

我跟纽约邮船船长莫里斯约好，乘他的船赶赴英国，食品和衣物也放在了船上。就在这时，劳登勋爵到了费城。他坦率告诉我，他想斡旋调停总督和议会的关系，以免陛下的利益受到两

---

① 此处指前面提到的詹姆士·拉尔夫。
② 按：指总督。
③ 约翰·劳登（1705—1782年），英军少将，曾在欧洲服役，1756年接替布雷德多克和谢利将军，任驻美洲殖民地总司令。

者之间分歧的掣肘。因此,他要求同总督和我会面,听取双方的陈述。我们见了面,讨论了有关事项。我代表议会,列举各种理由来说明议会的立场。这些文件都由我执笔,然后与议会的会议记录一起刊行,所以都可在当时的政府文件里查到。总督则以领主的命令为口实,说他负有执行这些命令的义务,如有违反,也就毁灭了自己的前程。不过,看起来他并非不想冒一下风险,假使劳登勋爵也这样劝告他的话。虽说我原以为自己几乎说服了这位爵爷,请他劝说总督,可是他并没有这样做。最后反而敦促议会俯首帖耳,还为了达到这一目的,恳求我做出努力。同时又扬言,如若不然的话,他就不派遣国王的任何部队,来保卫我们的边疆,如果我们自己不继续为防务提供经费,边疆将暴露在敌人的枪口之下。

我向议会通报了发生的情况,提交了自己草拟的一系列决议,申明我们的权利,并且表示,虽然我们绝不放弃这些权利,但是,由于受到我们所反对的武力的威胁,这次不得不暂时停止实行权利。议会最终放弃了那项议案,同时形成了一项符合领主命令的议案。总督自然点头通过。这样一来,我就能脱身踏上航程了。没成想,那时那艘邮船已经载着我的食品和衣物扬帆起锚。这对我来说是个损失,而所得到的补偿,却不外乎是勋爵感谢我效力的几句话语，但调停奏效的荣誉全部归到了他的名下。

这时，勋爵已先我前往纽约，邮船起航的时间将由他来定夺。那时，一共还有两艘邮船停靠在纽约，勋爵说其中一艘即将起航。我请求他告诉我起航的确切日期，以免由于自己的延宕错过航班。他的答复是："我给外人说的是礼拜六，不过，就咱们俩我可以告诉你，只你下礼拜一早上到，就来得及，可不能再耽搁了。"不料，我在渡口遇上了点麻烦，赶到时已是礼拜一中午时分。那天正好顺风，心里害怕邮船已经启程，但没过一会就放下心来，因为我打听到，邮船还停泊在港口里边，第二天才能起航。这里，人们也许以为，我马上就要动身到欧洲去了。连我自己也是这样想的。然而，当时我对勋爵的性格并不完全了解，其中，犹豫不决就是他的最大特点之一。这我可以举些例子加以说明。我赶到纽约时还是四月初，可是，我现在记得，我们是等到六月底才起航的。当时，港口里停泊着两艘邮船，早已整装待发，但因为要等这位少将爵爷写完信，所以行期一拖再拖，而他又总是说信件明天就能写好。这时，另外一艘邮船驶了进来，也给耽搁在那里。眼看我们就要起航时，第四艘邮船又快到了。我们那艘邮船，由于停泊时间最长，所以第一个起航。船上的铺位已经预订一空，有几个旅客期待着动身，早已不胜其烦，商人们也处心积虑，替自己的商函、自己因为战事而保了险的订单，以及自己秋季货物的订单等而焦虑。但是，他们的焦急毫无用处，因为勋爵的信件尚未竣事。不管是谁前去晋见，都眼睁睁看到，爵爷正手里执笔，端坐于写字台前奋笔疾书，于是便得出结论说，爵爷需要写的信想必不少。

一天上午，我前往谒见，在会客室里见到了费城来的一个信使伊尼斯。他携带着一包总督丹尼写给少将爵爷的信函，从那边赶了过来。他还交给我几封朋友的来信。于是我问他什么时候回程，现住什么地方，也好请他带几封信回去。他告诉我，命令他明天上午九点钟，来取将军回复总督的信函，之后就立即动身。我当天把信写好，递到他手里。可两个礼拜后，我又在那个地方见到了他。"哦，你这么快就回来了，伊尼斯？""回来啦？没有的事儿，我还没有走呐。""怎么回事？""过去一连两个礼拜，我天天早晨都到这里来拿爵爷的信，可都没有写好。""那可能吗，他下笔不是很快吗？我总是见他坐在写字台前的呀。""是啊，可他就像十字架上的圣乔治一样，'老骑在马上，可总是不朝前赶路'。"看起来，信使的话很有道理，后来我在伦敦也听说,皮特①先生,也就是后来的查塔姆勋爵,之所以解了这位将军的职务,派遣阿姆赫斯特②和沃尔夫③两位将军去接替他,原因之一就是"政府从来听不到他的消息,根本不知道他在做什么"。

就在这样每日期待着起航,三艘邮船即将驶进桑迪湾与那里的舰队会齐的当儿,乘客们都认为最好还是留在船上,担心一旦船队突然接到起航命令,就会给落在岸上。如果我没有记错的话,我们在船上待了大概有六个礼拜的工夫,吃光了为旅途准备下的东西,还不得不再去添购一些。终于,将军和手下的所有士兵都登上了舰只,舰队扬帆朝路易斯堡进发,计划围困并攻克那个城堡。所有邮船均须随侍将军的旗舰,等待开船的命令。这样我们在海上又等了五天,才接到他准予放行的命令,我们那条船于是与舰队脱离,转舵开往英国。不过,他仍然扣留着另外那两艘邮船,叫它们一起驶向哈利法克斯。将军在那里停留了一段时

---

① 威廉·皮特(1708—1778年),英国著名政治家。1766年被授予爵位,称查塔姆伯爵。
② 阿姆赫斯特(1717—1797年),英国军队将军。1758—1763年接替劳登将军,出任英军驻美洲总司令。
③ 沃尔夫(1727—1759年),英军将军,出身军官之家,十四岁即受到军事委任,在欧洲大陆效力。

间，让士兵演练对于假想城堡的假想进攻。然而，将军接着改变了围攻路易斯堡的初衷，掉转船头，带领全班人马，还有那两艘邮船以及乘客返回了纽约！而就在他离开这里的那段时间，法国人和印第安野人攻下了那个州边境上的乔治堡。那些野人还在卫戍部队投降后，对他们大加杀戮。

后来我在伦敦遇见了邦德船长，他当时就管辖着其中一艘邮船。他告诉我，他又给扣留了一个月的时间。这时，他向勋爵报告说，他的船底上长满了污物，这对于一艘邮船来说是个十分严重的问题，可能在一定程度上影响船速，恳请给他一段时间，把邮船拉上岸来，清理船底。勋爵阁下问需要多长时间，他说三天。将军回答说："要是你一天能清理完，那我就答应，否则不行。因为你后天肯定得起航啦。"虽然后来日复一日推迟行程，足足达三个月之久，可是船长却从来没有得到过允许。

在伦敦，我还见到了鲍内尔船长的一个乘客。这个乘客对勋爵怒火中烧，说他欺骗并扣留了他，叫他在纽约滞留了这么长时间，还把他带到哈利法克斯，紧接着又返回了纽约。他信誓旦旦，打算起诉这位爵爷，要他赔偿损失。不过，究竟起诉了没有，却不得而知。但就像他所说的那样，他在事业上的损失肯定甚为可观。

总体来说，我心里一直在想：怪哉，这样一个人竟然被委以如此重任，叫他来指挥一支庞大的军队，真是叫人困惑不解。不过，后来随着自己阅历的增加，明白了捞取地位和职务的手段，以及给予这些地位和职务的动机之后，我也就见怪不怪了。随着布雷德多克之死转而掌握军权的谢利将军，在我看来，如果继续留任的话，肯定比劳登更出类拔萃。在一七五六年那场战役中，劳登轻举妄动，不但靡费巨大，还使国家蒙受了无法想象的耻辱。谢利虽然不是行伍出身，但生来睿智而富有洞见，长于采纳好的建议，善于制订深谋远虑的作战计划，并能即刻积极付诸实施。劳登不但没有指挥大军保卫殖民地，反而到哈利法克斯进行百无聊赖的演习，结果让殖民地完全暴露给敌人，以至丢掉了乔治堡。另外，劳登还借口切断敌人的供应，不让他们得到给养，实行了长期的海上禁运，不准出口食粮，从而搅乱了殖民地的所有商业活动，损害了我们的贸易。但骨子里，是为了压低粮食价格，好让承包商从中渔利。而据说，在承包商所获利润当中，也有这位将军的份额。但愿这种说法只是一种揣测。最后撤销海上封锁的时候，又竟然出于疏忽，没有通知查尔斯敦，让卡罗莱纳船队白白在那里滞留了三个月的工夫。到头来，由于船底受到蛀虫的严重侵害，大部分船只在归途中葬身海底。

我觉得，谢利将军既然是个不熟悉军事的人，能够卸掉指挥部队这一重担，心里一定感到由衷的高兴。劳登勋爵接任军权时，我参加了纽约市府为他举行的招待会。已经卸任的谢利将军也应邀出席。会上客人为数很多，有军官，有本市市民，还有一些不认识的客人，所以从邻近居民那里借来了几把椅子。其中，有一把非常矮小，恰巧安排给了谢利先生。我就坐在他身边，见到这种情形，我随口说："他们给你安排的座位很低呀。""没关系的，富兰克林先生，"谢利说，"我觉得座次低了还挺舒服哩。"

如前所述，我被滞留在纽约期间，接到了为布雷德多克采购给养什物的全部账单，其中有些账目还在我雇用来协助采买的人那里，一时弄不到手。我把账单呈交给劳登勋爵，请他支付欠额。他让主管军官前来核查，结果发现每项开支都与凭单相符，于是这位爵爷答应命军需官给我开具汇票，偿付欠额。不过汇票却一拖再拖，虽然我多次约见前去拜访，但还是没有拿到。最后，就在我即将启程之前，他才对我说，经过仔细考虑，还是决定不把他自己的和前任的账目合在一起结算。"你到英国后，"他说，"只要把账单出示给财政部，他们就会立刻付给你钱。"

这时，我只好以自己被迫长期滞留在纽约期间，花费之大实在出乎意料为由，请他当场支付款项；同时又说，我垫付了那笔款项，而且也没有为自己的效力抽取任何佣金，如果偿还时还要一再拖延，增加麻烦，就有乖常理了。然而，还是徒劳无益，没有起到作用。"哦，"他说，"你可别以为我们相信，你没有从中得到好处吧。这些事情我了解，也明白凡是跟提供军队给养有关的人，办事过程中都能想出办法，塞满自己的腰包。"我向他保证我的情况，我没有装起过一文钱，他显然不相信我说的话。过后我才得悉，人们往往是从这种事情上捞到大笔钱财的。至于欠我的余额，直到今天仍然没有偿还，而且，这个数目其后还有增加。

我们起航前，邮船船长曾就自己船的速度之快，夸下过海口。但不幸的是，驶进海面后，它原来却是九十六只船当中最慢的一只，船长因而感到非常羞辱。对于船速缓慢的原因，大家做了种种猜测。但当另外一只速度几乎与我们一样缓慢的邮船，渐渐朝我们靠拢，最后赶上了我们时，船长命令全体人员都退到船尾，尽可能靠近旗杆站着。我们包括乘客在内大约有四十多个人，站在那里以后，船速果然增加，很快就把邻近的那条船远远抛在了后面。这明白无误地证实了船长的推测：船头装载超重，所有盛着水的木桶都放到船头了。于是，他又命令把它们向后转移到船尾。这样一来，船恢复了它的性能，成了船队里速度最快的船只。

船长说，那条船一度达到过十三节的速度，也就是每小时十三英里。船上乘客当中，有一个在皇家海军服役的阿奇博尔德·肯尼迪船长。他不相信有什么船能行驶得那么快，说那是不可能的事情，肯定是测程索的刻度有误，再不然就是投掷测程索时出了差错。接着两位船长打起赌来，想等顺风的时候，再来判断谁胜谁负。于是肯尼迪检验了测程索，觉得没有问题以后，决定亲自投掷。几天后，天气晴好，风力强劲。邮船船长路德维希认为船速达到了十三节，肯尼迪便接着做了一番测试，结果只得承认自己输掉了赌注。

我所以记叙上述这件事情，为的是说明以下观点：有人说过，造船工艺的缺陷，就在于一条新船速度的快慢，只能在试航之后获悉。所以，新船总是仿照快船模型建造，但结果却适得其反，往往速度非常缓慢。而在我看来，这大半是由于这样的因素所致，就是有关货物装载、船帆配备和船只驾驶方法等方面，海员们人言人殊，各不相同，每人都有自己的一套方法。同一条船，运用同一船长的装货方式，服从同一船长的命令，也会比另外一个船长指挥的船行驶得更加缓慢。另外，一条船从建造，到下海，一直到航行等，大多经过了不同的人手。一个人建造船身，另一个人配备索帆，第三个人装货、驾驶。他们谁也不具备了解别人的全部想法和经验的长处。所以，也就无法全面综合，得出审慎明智的结论了。

即便是出海航行这样简单的操作，我也往往看到，风力虽然相同，接替轮值的指挥人员却又会做出不同的判断。转动风帆的角度或小或大，各人均有不同判断，仿佛并没有一定的规律可循。不过，我想还是应该制定一套测试方法：首先确定航速最大的船身外形；其次确定船身尺寸和船桅的最佳位置；再次确定风帆的式样和数目，以及在不同风向下的位置；最后是决定货物的布局。如今正处于一个实验的时代，依我看，一系列精确的综合实验，将带来巨大益处。

这次在航程上，我们叫别的船赶上了好几次，结果我们还是超过了所有船只。三十天后，开始测量海水的深度。这时，我们仔细观察了海面，据船长个人判断，已经接近法尔莫思港。如果我们夜里疾速行驶，第二天清晨就能驶离它的入口。而凭借着夜间全速航行，我们就可以避开敌人武装船只的注意，它们就是常常在那个海峡入口处巡弋的。因而，我们张起了船上所有的船帆，趁着风力的强劲，我们的邮船乘风破浪，驶出了很长一段路程。经过观察，船长改变了航向，他以为，这样就能远远避开锡利群岛的礁石了。然而，圣乔治海峡却常常有强烈的股股海流涌动。以前，克劳狄斯雷·沙沃尔①爵士的小舰队，就是在一七〇七年因此而葬身鱼腹的。后来，我们所遇到的险情，大概就是由于这股海流的缘故。

当时船头设置了岗哨，不时有人朝他喊叫："注意正前方！注意正前方！"放哨的人也"明白，明白"地不停回应着。不过，那个时候他也许已经闭上了眼睛，也许正在朦胧瞌睡。反正像人们当时说的那样，只是机械地应答而已。他没有看见我们前方的灯光，因为翼帆遮挡了灯光，舵轮上的人没有看到，其余岗哨上的人也没有看到。但是，偶然间由于邮船偏离了航道，我们这才发现了灯光。船上接着一片惊慌，灯光离我们已经很近，仿佛车轮一样大小。时值半夜，我们船长已经进入梦乡，不过，肯尼迪船长这时纵身一跃，跳到甲板上来。他看清了危险的所在，命令掉转船头，扬起满船风帆前进。尽管这样驾驶对于桅杆非常危险，邮船还是载着我们远远离开了礁石，避免了沉船的灾难。

---

① 克劳狄斯雷·沙沃尔（1650—1707年），英国海军上将。他所在的旗舰和另外两艘舰艇在锡利群岛沉没时遇难。

因为，我们当时正在礁石上面飞速行驶，灯塔就矗立在礁石之上。这次死里逃生，给我留下很强烈的印象，明白了灯塔的作用，心里思忖着，只要能够活着回去，一定鼓励人们在美洲兴建几座这样的灯塔。

第二天清早，我们经过测量海水深度，发现已经驶近港口。但是，浓雾笼罩，看不清陆地。大约九点钟光景，雾霭渐渐散去，大雾仿佛舞台上的幕布，从海面不断上升，露出了下面的法尔莫思城，我们望见了停泊在港口里的船只，以及小城周围的田野。对于长期以来除了空旷而单调的茫茫大海，看不到别的景物的人来说，这种景色叫人感到心旷神怡。现在，我们终于摆脱了原来的那些焦虑不安。

我和儿子即刻踏上了去伦敦的旅程。途中只是稍作停留，前去参观索里兹伯里平原上的史前巨石柱[1]，凭吊了彭布洛克[2]勋爵的官邸和花园，包括他在威尔顿那边的珍藏。一七五七年七月二十七日，我们抵达了伦敦。

---

[1] 巨石柱，又名巨石阵，由几十块环状巨石于石器时代晚期建成，很可能是古代祭祀的场所或是为观测天象而建造的最早雏形的天文台。1986年，被列为世界文化遗产。
[2] 威廉·彭布洛克（约1146—1219年），英国贵族。曾在亨利二世和约翰王治下任顾命大臣，在理查一世和亨利二世治下任摄政王。

（以下至末尾系补译）在查尔斯先生给我安排的住所安顿下来以后，便立即去拜访福瑟吉尔博士，因为人们向他大力推荐我，同时劝我就申诉程序征求他的建议。博士不赞成直接向政府提出申诉，觉得应该先在私下里征询一下领主们的意见，他们由于私交故旧的介入和劝解，或许可能友善地在这些事务上达成和解。接着我前去拜访一个跟我有信函往来的老朋友彼得·考利逊先生。他对我说，弗吉尼亚巨商约翰·汉伯里先生提出要求，说是我一来到就知会他一声，好带我去谒见当时出任枢密院议长的格兰维尔勋爵[1]，所以想尽快见到我。我答应第二天跟他一道前往。于是汉伯里先生次日就来接我，让我坐上他的马车来到这位勋爵官邸。勋爵彬彬有礼地接见了我，先是问讯了一些有关美洲事态发展的问题，并就此发表了看法，后来对我说："你们美洲人对自己宪章的看法是不对头的；你们声称国王给总督们发布的命令并不是法律，觉得有理睬或者不予理睬的自由，都是你们自己说了算。可是这些命令与下达给某个出国赴任的外交使节的那些锦囊妙计式的命令，那些在礼仪的细枝末节上约束他行为举止的命令是不同的。这些法律先是由法学学识丰富的法官起

---

[1] 格兰维尔勋爵（1690—1763年），1751—1763年任英国枢密院议长。

草，然后交枢密院考虑和审议乃至修订，最后才由国王签署。因此，这些就是关乎你们领土的法律；因为'国王是殖民地的立法者'。"我跟勋爵阁下说，这对于我可谓前所未闻。根据宪章规定，我们的法律应由我们的州议会制定，当然，虽说还需呈请国王批准，但一旦呈交上去，国王就不能撤销或者更动。而且，正如议会没有国王同意就不能制定永久性法律，国王得不到议会的认可，也不能为议会制定法律。勋爵让我确信，是我全盘搞错了，可我并不这么看。勋爵阁下的话，让我对宫廷待我们的态度不无惊讶之处，所以，一回到住所就把这次谈话记录下来。我记得大约二十余年前，内阁向英国国会提交了一项议案，其中一项条款就是建议国王的训令成为殖民地的法律；不过那项条款让下院给否决了。正因如此，我们崇拜下院，把他们当作我们的朋友，当作自由之友，直到一七六五年他们对我们的所作所为，才让我们似乎看清了他们以前拒绝赋予国王那项权力，原来仅仅是为了留给自己。

几天以后，福瑟吉尔博士跟领主们通了气，他们同意在佩恩先生位于春日花园的家里跟我见面。一开头，谈话的内容是双方声明愿意做出合理的妥协，不过，我料想每一方都对"合理的"这个字眼儿各有自己的看法。接着，我们开始推敲我在申诉里列举出来的几个问题。领主们尽其所能地证明他们行为的有理，我则为州议会辩护。这样，我们彼此的观点似乎相距甚远，有碍于对达成协议所抱的一切希望。不过，还是决定我把申诉的要点形诸文字，他们答应加以考虑。稍后我就缮写完毕，可是他们却把文书交到他们的律师菲迪南多·约翰·帕里斯手里。在他们跟我的马里兰邻州领主巴尔的摩勋爵的那场诉讼大案中，帕里斯替他们处理全部法律事务，官司持续了七十个年头。他还起草了领主们与州议会纷争的一切文书和信函。此人倨傲自大，脾气很坏。在州议会的回复中，我偶尔对他那些论点上不堪一击、措辞上也傲慢无礼的文书严厉批驳，因此，他跟我结下了不共戴天的仇恨，无论什么时候见面，这种仇恨就会流露出来。我也拒绝了领主们要我跟他在我们两人之间讨论申诉的各项要点的建议，同时拒绝不跟领主以外的任何人处理这些事务。于是他们按照帕里斯的建议把文书交到检察长和副检察长手里，征求他们的意见和建议。然而，案子竟然搁置了差八天就到一年的工夫还没有下文。其间，我不断要求领主给予答复，但得到的答复只是他们尚未得到检察长和副检察长的意见。到他们真的得悉时，我又压根不知道到底是什么意见，因为他们从没有跟我透露过。倒是给州议会送交了一封帕里斯起草并签署的攻击那份申诉的长函，抱怨申诉书不讲礼仪，是我的粗鲁之作，同时对他们的所作所为做了一番不足征信的辩解，又说，如果州议会派遣"某个公正坦率人士"跟他们就此商谈的话，他们愿意就这些问题妥协。因此，言外之意就是我并不是那样的人选。

而所谓不讲礼仪和粗鲁，是指我没有在文书上称他们为"宾夕法尼亚州真正的绝对领主"，这是自己认为在文书上没有必要才略去的，因为文书的用意仅仅是用文字概括我在会谈时已经口头上说过的意思。就在这一延宕期间，州议会说服丹尼总督通过了一项法令，对领主们的共有财产也像民众那样课税。这才是争论的重点，因此议会对于上述长函并没有予以回应。

不过，法令抵达的时候，领主们又在帕里斯劝导下阻挠它得到国王的批准。因此，他们在枢密院向国王请愿，枢密院于是指定召开听证会。会上，他们雇用两名律师反对这项法令，我也请了两名律师来支持法令。对方声称，该法令蓄意加重领主财产的负担，以免除民众的财产负担。假如仍然准许法令生效，那么，被人民憎恨的领主们在分摊税额上就会由民众任意摆布，到头来难免落得个倾家荡产。我们回应说，法令绝不会产生那种后果，纳税评估人员都是诚实正直、考虑周到的人，又都宣过誓要光明正大、公平合理地进行评估，而且，他们如果通过增加领主的税额来减少自己的税额，那么他们每个人可能从中得到的益处却是凤毛麟角，不至于诱使他们作假。据我回忆，这就是双方强烈要求的主要内容。此外，我们还强调指出随废除这项法令而带来的有害后果，因为，所印制和发行的供国王使用而且业已用于王室事务的十万镑纸币，已经在民间流通。如果废除法令，会让钱在他们手里变成废纸，不少人就会破产，未来的拨款也将完全受挫；而领主们引发这样一场大灾难的自私表现，又仅仅出自他们对财产征税过高的一种毫无根据的担心。我们用最强烈的措辞强调了这一点。律师们正在辩论时，法律顾问团里的一个顾问曼斯菲尔德勋爵站起身，朝我招了招手，把我带进文书室，问我是否真的持有这种意见，即执行该法令绝不会对领主造成任何伤害。我说："当然真的持有。""那么，"他说，"你是不会反对签订合约，来担保这一点的吧。"我回答道："根本不会反对。"于是他把帕里斯先生叫进来，经过一番讨论后，双方接受了勋爵阁下的建议，由枢密院文书为此起草了一份文件，我和查尔斯先生一起签了字，他也是负责该州[①]日常事务的代理人。曼斯菲尔德勋爵回到枢密院会议室，那项法律也终于得到通过。不过，有

---

① 指宾夕法尼亚州。

人建议稍作修改，我们回应说，这应该由后来的某项法律加以完成，但州议会认为没有必要修改。因为枢密院命令到达之前，该法令已经征税一年了。听证会同时指定一个委员会来审查纳税评估人员的工作进程，还让领主的几个特别的朋友参加委员会。经过充分调查后，委员们一致签署了一个报告，说明他们认为纳税的评估进行得完全公平合理。州议会研究了我所签合约的头一部分，认为它保证了当时已在全国流通的纸币的信誉，因此我为本州做出了非常重要的贡献。后来我回到国内，他们向我隆重致谢。然而，领主们却由于丹尼总督批准那项法令对他暴跳如雷，把他赶下了台，还威胁要起诉总督，说他违反了自己承诺遵守的命令。不过，总督是应将军[①]之请而且是为报效国王陛下才这样做的，再说他在朝廷里还拥有极大影响，所以对此不屑一顾，而这些威胁根本没有付诸实施。

[说明：自第136页第4段始至结尾，为后来所补译——因为原来版本（见版权页）少一此段。系北京凤凰壹力公司赵延召先生约稿，出版社以Signet之Signet Classics系列中富兰克林诞辰

---

① 这里疑指约翰·劳登少将。

三百周年纪念版为编校底本的,同时参考了P. F. Collier & Son Company, New York (1909)版。时在二〇一二年八月二十日完稿,二十一日拷贝至全译文尾。]

附录：富兰克林年表

一七〇六年

一月十七日：本杰明·富兰克林生于波士顿。

一七一四年

进文法学校学习。

一七一六年

中断学业，帮助父亲工作。

一七一八年

开始做哥哥詹姆士的学徒，学习印刷业。

一七二三年

二月十一日：《新英格兰报》以本杰明·富兰克林名义主办发行；

九月至十月：出走费城，旋受雇于撒缪尔·凯莫。

一七二四年

十一月五日：越洋赴英国，先后受雇于帕默和瓦茨印刷所。

一七二五年

撰写并刊行《论自由与必然，快乐和痛苦》。

一七二六年

七月六日：从伦敦返航，十月十一日抵达费城。

一七二六年至一七二七年

任德恩罕姆职员；再次受雇于撒缪尔·凯莫。

一七二七年

成立"永图社"（即"共读社"）。

一七二八年

与休·梅瑞迪斯合伙经营印刷所。

一七二九年

四月三日：发表论述纸币的小册子《试论纸币的性质和必要性》；

十月三日：与梅瑞迪斯接办《宾夕法尼亚报》。

一七三〇年

一月二十九日：富兰克林和梅瑞迪斯被指定为议会承包印刷商。

七月十四日：与梅瑞迪斯的合营解除。

一七三一年

长子威廉·富兰克林出生。

一七三一年

十一月八日：参加首届图书馆理事会议。

一七三二年

十月二十日：次子弗朗西斯·福杰尔·富兰克林出生；

十二月十九日：《穷理查历书》首次发行（即一七三三年版）。

一七三三年

学习法语、意大利语、西班牙语和拉丁语。

一七三五年

四月至九月：为非正统传教士亨普希尔辩护。

一七三六年

十月五日：当选为州议会秘书；

十一月二十一日：次子弗朗西斯·福杰尔·富兰克林死；

十二月七日：组建联合消防队。

一七三七年

十月五日：以费城邮政局长名义订立账目，至一七五三年卸任。

一七三九年

十一月二日：乔治·怀特菲尔德首次访问费城。

一七三九年至一七四〇年

发明宾夕法尼亚式火炉（又名："富兰克林式火炉"或"开放式火炉"）。

一七四一年

一月至六月：发行《大众杂志》。

一七四三年

五月十四日：发表《促进实用知识的建议》，后成立"美洲哲学学会"；

五月至六月：在波士顿与阿奇博尔德·斯彭瑟博士会面，并参观电学实验；

八月三十一日：其女萨拉·富兰克林出生。

一七四六年

发表《平凡的真理》。

一七四七年

三月二十八日：第一次提到他所进行的电学实验；

十一月二十四日：成立宾夕法尼亚民防协会。

一七四八年

一月一日：与大卫·霍尔合伙经营，为期十八年，停止亲自经营印刷所的业务；

十月四日：当选费城市参议会成员。

一七四九年

十月：发表《关于宾夕法尼亚青年教育的意见》一文；

十一月十三日：当选费城学院（现名费城大学）董事会会长，任会长至一七五三年，任董事至去世。

一七五一年

出版《电学实验与观察》第一部，第二部和第三部分别出版于一七五三年和一七五四年，至一七七四年，计五版；

五月十一日：特许建立宾夕法尼亚医院；

八月十三日：由费城当选州议会议员；

十月一日：当选费城市政府议员。

一七五二年

三月二十五日：组建火灾保险公司，任经理；

五月十日：达里巴尔在法国进行富兰克林的电学实验；

约六月：于费城进行风筝实验，十月十九日发表有关论文。

一七五三年

七月二十五日：哈佛学院（现名哈佛大学）授予名誉硕士学位；

八月十日：与威廉·亨特合任美洲邮政总长；

九月十二日：耶鲁学院（现名耶鲁大学）授予名誉硕士学位；

十一月三十日：获伦敦皇家学会颁发的戈德夫雷·科普利金质奖章。

一七五四年

六月十九日至七月十一日：出席奥尔巴尼大会，会上通过以他的提议为基础的"成立全美殖民地联盟计划"。

一七五五年

四月至五月：在与法国和印第安人战争的第一战役中，积极为布雷德多克将军征集车马和给养；

六月三十日：当选宾夕法尼亚医院理事会主席；

十二月十八日至三十一日：在边疆诺桑普顿县与其他代表共商防务事宜。

一七五六年

一月七日至二月五日：在诺桑普顿县任指挥官，修建堡垒三座；

二月二十四日：出任费城民兵团队指挥官；

四月二十日：威廉和玛丽学院授予名誉硕士学位；

四月二十九日：当选皇家学会会员。

一七五七年

二月二十三日：以州议会代表身份赴英国；

六月二十日至七月十七日：在与儿子威廉赴英国航程中，撰写《致富之路》；

七月二十七日：抵达伦敦。

一七五八年

主办理查德·杰克逊的《关于宾夕法尼亚宪章和政府的历史的回顾》，为州议会辩解；携子威廉访问富兰克林和里德家族先辈故居和亲属。

一七五九年

二月十二日：圣安德鲁大学授予名誉博士学位；

八月至十月：携威廉访问英格兰和苏格兰，与包括大卫·休谟在内的苏格兰知识界结下深厚友谊。

一七六〇年

四月十七日：发表《从大不列颠的利益着眼》；

八月二十七日至二十八日：英国枢密院听证会，促使枢密院决定，殖民地领主财产同样纳税；

九月至十月：携威廉访问考文垂等地；

十二月八日：首次当选皇家学会委员会委员，此后又于一七六五年、一七六六年和一七七二年分别当选该会委员。

一七六一年

八月至九月：偕同威廉和理查德·杰克逊访问佛兰德斯和荷兰等国。

一七六二年

四月三十日：牛津大学授予名誉民法博士学位；

约八月二十四日：由朴次茅斯起航返回费城；

九月九日：其子威廉·富兰克林出任新泽西州皇家总督；

十一月一日：抵达费城。

一七六三年

四月至十一月：巡视弗吉尼亚等州邮政业务。

一七六四年

约一月三十日：发表《近来印第安人惨遭杀戮实录》；

五月二十六日：当选州议会发言人；

十月一日：在州议会十三次选举中，第一次遭到失败；

十月二十六日：以十九票对十一票当选州议会代表，再次赴英国请愿，反对领主干政；

十一月九日：动身赶赴英国，从此再也未能见到妻子德波拉；

十二月十日：经过海上风暴，终于到达伦敦。

一七六五年

二月二日：偕殖民地代表与首相乔治·格兰维尔就印花税法案磋商，秘密建议由货币计划替代；

三月二十二日：通过印花税法案，定于十一月一日实施。

一七六六年

一月：匿名在伦敦报纸发表数篇文章，或直接或间接倡议废除印花税法案；

二月六日：与大卫·霍尔合伙经营期满，因而失去了一笔重要的私人收入；

二月十三日：出席英国下院关于废除印花税法案的听证会；

三月十八日：废除印花税法案；通过权利诉讼法案；

六月十四日至八月十三日：偕约翰·普林格尔爵士造访德国，两人当选格丁根皇家科学学院院士。

一七六七年

七月二日：通过汤申德税法；

八月二十八日至十月八日：偕约翰·普林格尔爵士赴巴黎，觐见法王路易斯十五世，后与达里巴尔、勒鲁瓦、迪布尔等法国科学家会面；

十月二十九日：女儿萨拉与费城商人贝奇结婚，后着手筹划美洲殖民地西部领土计划。

一七六八年

一月七日：在《伦敦编年报》发表《一七六八年前美洲不满之原因》，其后几年继续在伦敦报刊上发表有关殖民地事务的文章；

四月十一日：被指派为乔治亚州代表；

十月一日：与访问伦敦的丹麦国王克里斯琴七世共进晚宴。

一七六九年

一月二日：当选"美洲哲学学会"主席（其后每年连选连任）；

一月至二月：《电学实验与观察》第四版刊行；

六月至十二月：与英国和美洲倡导者组建土地公司（即：旺达里亚公司）谋求让予俄亥俄河谷；

七月十四日至八月二十三日：再访法国；

十一月八日：被指派为新泽西州议会代表。

一七七〇年

四月：废止汤申德税法（但茶叶税仍然保留）；

十月二十四日：被指派为马萨诸塞州议会代表。

一七七一年

一月十六日：候见殖民地大臣希尔思巴勒，报告马萨诸塞州的任命，但遭拒；

六月：在特怀福德郡什普利主教邸宅度假一周；

七月三十日至八月十三日：在特怀福德郡度假两周，撰写自传第一部分。

一七七二年

六月五日：向枢密院呈交旺达里亚土地公司的土地要求，这一要求虽然得到准许，但从未实施；

八月十六日：当选法国皇家科学学院外国院士；

八月二十一日至二十七日：起草皇家学会提交军火部之关于保护火药免受雷击的报告；

十二月二日：将"哈奇森信札"送交马萨诸塞州联络委员会，提醒他们注意东印度公司的财政困难。

一七七三年

五月十日：通过茶叶条例，从而大大压低了东印度公司茶价，以与荷兰茶叶竞争；

该年夏：迪布尔在巴黎翻译出版富兰克林的著述增订本；

八月二十一日：请求解除哈奇森总督职务；

十月：发表《祈祷书简本》序言。

一七七四年

一月三十一日：被解除美洲邮政总长职务；

八月：应邀拜访查塔姆勋爵，讨论美洲危机事宜；

九月三十日：介绍托马斯·潘恩赴美，与其费城朋友相识；

十二月十九日：妻子德波拉·富兰克林在费城去世。

一七七五年

三月二十日至五月五日：由伦敦经朴次茅斯返航抵达费城；

五月六日：当选北美殖民地第二次大陆会议代表；

五月十日：参加第二次大陆会议代表；

六月三十日：担任宾夕法尼亚治安委员会委员；

七月二十一日：递交北美殖民地十三州联邦宪法；

七月二十六日：被大会选举为邮政总长。

一七七六年

六月十一日：与杰弗逊等人入《独立宣言》筹备委员会；

七月四日：通过《独立宣言》；

七月八日：当选宾夕法尼亚州制宪委员会委员，参与制定宾夕法尼亚州宪法；

九月九日至十三日：参加与英国将领豪勋爵的会谈；

九月二十六日：出使法国；

十二月二十一日：抵达巴黎。

一七七七年

三月：在距巴黎两英里的帕西居住下来。

一七七八年

二月六日：缔结《美法同盟条约》和《美法友好与通商条约》；

四月七日：会见伏尔泰；

六月十七日：英法之间敌视初露端倪。

一七七九年

二月十二日：受命出任驻法国全权大使；

三月二十三日：递交国书；

十二月：《政治、哲学杂论集》在伦敦出版；发表经过改革的字母表。

一七八〇年

德文版选集（三卷本）出版；发明双焦距眼镜。

一七八一年

六月十四日：大陆会议指派富兰克林参与同法国的和平谈判；成为波士顿"美洲科学艺术学会"会员。

一七八三年

一月二十日：参加《英法和约》和《英西和约》签字仪式；

三月至四月：准备出版法文版十三州联邦宪法；

四月三日：签订与瑞典的《友好通商条约》；

八月至十二月：进行一系列气球实验；

九月三日：签订最后的《英美和平条约》，富兰克林等人出席签字仪式。

一七八四年

五月十二日：《英美和平条约》换文，正式批准；

五月十三日：富兰克林请求解除职务；

七月至八月：受命与杰弗逊等人同欧洲各国协商签订友好通商条约事宜。

一七八五年

九月十四日：返美抵达费城；

十月十一日：当选宾夕法尼亚最高执行委员会委员；

十月十八日：当选宾夕法尼亚最高执行委员会委员主席。

一七八七年

二月九日：成立"政治研讨学会"，任会长；

四月二十三日：组建"宾夕法尼亚州促进废除奴隶制协会"（首次成立于一七七五年），任会长；

九月十七日：促成一致通过宪法。

一七八八年

八月：撰写自传第三部分；

十月十四日：结束宾夕法尼亚最高执行委员会主席任职；退出政治生涯。

一七八九年

十一月二日：将自传的第一、第二、第三部送交英国和欧洲朋友。

一七九〇年

二月三日：以"宾夕法尼亚州促进废除奴隶制协会"会长名义撰写最后文献《关于奴隶贸易》；

四月：本杰明·富兰克林在费城安详辞世，享年八十四岁。

译后记

对于富兰克林其人，记得还是从中学世界历史课本里获悉的。但接触他的自传原文，如果我没有记错的话，应该是在大学三年级，老师给我们开"英美散文选读"课的时候了。选的就是富兰克林从孩提时代对书情有独钟的那一著名段落。学了以后觉得，英文竟然还有这么写的，简直明白如话，仿佛一个老年人叙家常似的。所以立即喜欢上了富兰克林的文章。不久，从图书馆借来他的自传，认真读了一遍。后来在大学讲授英美文学，也都有意识地选取自传的这一段落，以期让学生了解这位伟人的生平，并帮助他们提高英语写作水平。

2003年8月，我在烟台参加一个学术会议期间，当时在人民文学出版社外国文学编辑部任职的刘开华先生告诉我，他们正在筹划一套包括富兰克林的自传在内的丛书，并约我翻译。我答应了，并不是因为自己的翻译水平多么高超，而是因为自己太喜欢富兰克林和他这本书的缘故。这就是试译本书的缘起。

翻译过程中，鉴于富兰克林的特殊行文风格，译者在下笔时也力求使译文摆脱自己以往的语言习惯，摆脱自己惯用的词汇和句型，尽量如实地移植或者反映富兰克林式的句型和节奏。在这些方面，肯定还有许多地方做得不够，还不尽如人意，但可以欣慰地说：我努力了。

《自传》初版将近十年后的2012年，北京凤凰壹力文化发展有限公司赵延召先生发来电邮，称：拟再次出版该书。由于时间所限，除了通读一遍书稿，做了少量改动和订正，基本沿用原来初版的译文。2013年2月，由译林出版社发行，收入"双语译林·壹力文库"。

最后，趁这次承蒙宋江平先生约稿，拟再一次出版拙译，但仍是基本沿用原来初版的译文，特此声明。同时向宋江平先生致以谢意。

李自修